8° V pièce
20101

AF613486

L'ARMÉE BELGE EN CAMPAGNE

[illegible]RÇU GÉNÉRAL

des

[illegible]ALES MESURES PRISES

pour améliorer le

[illegible] MATÉRIEL ET MORAL

du

[illegible]LDAT BELGE

[illegible] du « Bureau Documentaire Belge »
32, rue des Gobelins
LE HAVRE (Seine-Inférieure)

[illegible]

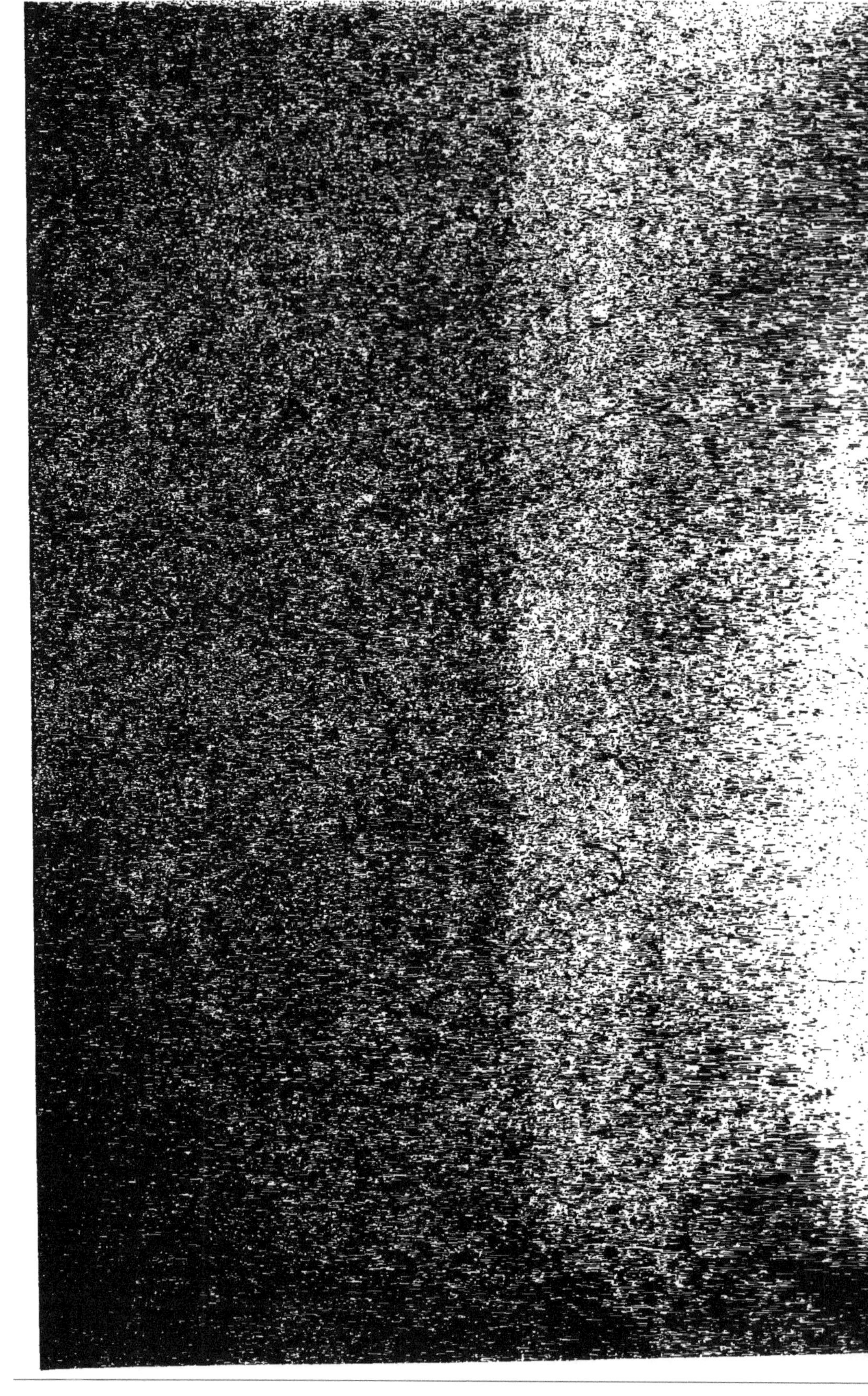

L'ARMÉE BELGE EN CAMPAGNE

APERÇU GÉNÉRAL

des

PRINCIPALES MESURES PRISES

pour améliorer le

BIEN-ÊTRE MATÉRIEL ET MORAL

du

SOLDAT BELGE

Edition du « Bureau Documentaire Belge »
52, rue des Gobelins
LE HAVRE (Seine-Inférieure)

1918

APERÇU GÉNÉRAL

DES

PRINCIPALES MESURES PRISES

POUR AMÉLIORER LE

BIEN-ÊTRE MATÉRIEL ET MORAL DU SOLDAT BELGE

L'influence des conditions physiques sur l'état moral d'une troupe est un des lieux communs de l'histoire des guerres. Tout ce qui contribue à améliorer la situation matérielle du soldat renforce, du fait même, sa situation morale. Le bien-être matériel et le bien-être moral du soldat ne peuvent donc être séparés dans l'organisation des armées pour constituer des objectifs distincts. Ils forment un ensemble auquel on aboutit par des actions parallèles et convergentes.

Leur importance redouble pour l'armée belge, par suite du caractère particulièrement pénible des circonstances où le sort des armes l'a placée. Les troupes belges, après avoir vu leur résistance héroïque de début de la campagne submergée par le flot des envahisseurs, ont été soumises aux pires épreuves que puisse endurer une armée : la retraite continuelle, l'occupation progressive de la presque totalité du territoire national, la dévastation, le massacre et la torture infligés aux populations, la séparation absolue d'avec les parents et le pays natal, enfin le spectacle de la nation soumise au joug le plus despotique et le plus brutal.

Malgré tout, l'armée belge ne perdit pas courage. En dépit des misères et des durs travaux de trois hivers de guerre passés, en constante alerte, dans un pays marécageux et insalubre, elle a gardé un état d'esprit magnifique. Elle n'a pas livré un pouce de terrain à l'ennemi ; au contraire, elle lui en a repris.

On a exposé ailleurs (1) dans tous les détails qui peuvent être aujourd'hui livrés à la publicité, la tâche immense de la réorganisation matérielle de l'armée belge après la bataille d'arrêt de l'Yser.

L'armée reprit graduellement des forces nouvelles. Hommes, canons, fusils, mitrailleuses, vivres, vêtements, lui furent fournis,

(1) Voir entre autres les ouvrages ci-après du Ct Willy Breton : *Les caractéristiques du front belge* (Lausanne, Payot, 1918) : *La Résurrection d'une armée* (Paris, Van Oest, 1917) et *les Etablissements d'artillerie de l'Armée belge* (Paris, Berger-Levrault, 1917) ; ainsi que le premier chapitre de la brochure *L'Activité du Gouvernement belge pendant la guerre* (Le Havre, édition du « Bureau Documentaire Belge », 1917).

sinon en abondance, du moins en quantité suffisante pour que le dénuement dont elle avait tant souffert ne fût bientôt plus qu'un mauvais souvenir.

A mesure que le temps s'écoulait, cependant, et que s'affirmait davantage le caractère spécial de cette guerre dont il eût été impossible de préciser la durée, la nécessité s'imposa de faire plus et mieux pour les soldats de l'Yser.

C'est que de tous les combattants réunis sur le front occidental pour endiguer la ruée allemande, il n'en est point qui soient plus profondément atteints dans leur être intime. Une barrière de fer et de feu les sépare de tout ce qui leur est cher au monde : leur famille, leur foyer. La plupart d'entre eux sont privés de toute nouvelle des êtres aimés, emprisonnés dans le pays envahi, ravagé et pressuré par l'ennemi. Seul leur parvient l'écho des brutalités auxquelles nos populations sont soumises là-bas et de l'indomptable patriotisme qu'elles y opposent. Reverront-ils jamais ceux qu'ils ont quittés pour défendre leur Patrie odieusement assaillie et mutilée ? S'ils échappent à la mort, dans quel état retrouveront-ils leurs foyers ? Que de pensées désolantes propres à les accabler, s'ils n'avaient pour exalter leur courage et leur foi, en même temps qu'une confiance absolue dans la justice de leur cause, l'ardente volonté de venger tant de maux et de rendre au pays, par la victoire, sa liberté menacée.

Que l'on songe, en outre, à la vie propre de nos soldats. A l'arrière, ils sont en terre d'exil, hospitalière et accueillante, certes, mais combien différente du milieu familial. Tout leur est étranger, les mœurs, les coutumes et jusqu'à la langue même, souvent, que l'on parle autour d'eux. Au front, c'est, environné du danger perpétuel, le rude service dans les mêmes tranchées incommodes et monotones, dans l'eau et dans la boue, parmi les ruines accumulées d'un paysage dévasté, où tout porte l'empreinte obsédante et brutale de la guerre barbare.

Comment des hommes pourraient-ils résister à pareille vie, pendant des mois, pendant des ans, si l'on ne s'ingéniait pas, par tous les moyens imaginables, à leur faire oublier, chaque fois que faire se peut, les rigueurs de leur sort, à créer autour d'eux une atmosphère de réconfort, à jeter quelque joie dans l'âpreté d'une existence si pénible, à leur procurer, non seulement le nécessaire, mais encore un peu du superflu sans quoi, naguère déjà, la vie nous eût paru intolérable.

Il ne faut donc point s'étonner que l'amélioration du bien-être des troupes ait été l'objet de tant de préoccupations, mais se dire que seule l'insuffisance de certains moyens n'a point permis à l'autorité d'en faire davantage.

Les idées étant ainsi fixées par les considérations générales qui précèdent, nous diviserons notre exposé sommaire en deux parties principales :

1°) Nous rangerons dans la catégorie des moyens matériels tous ceux qui se rapportent, en principe, à l'entretien proprement dit du soldat, tels que : soldes et allocations, alimentation, habillement, logement, hygiène, hospitalisation, etc.

2°) Nous considérerons comme se rattachant spécialement au bien-être moral de l'homme, tout ce qui contribue à son délassement physique et intellectuel : permissions de détente et œuvres à l'intention des permissionnaires, fêtes et réunions diverses, organisations ayant pour objet de fournir aux troupes des livres et journaux, création de cours permettant aux hommes d'entretenir ou d'élever le niveau de leurs études, etc.

I. — Amélioration du bien-être matériel.

A. — SOLDES ET ALLOCATIONS DIVERSES.

Le soldat en campagne est entretenu d'une façon complète par l'Etat, c'est-à-dire qu'il est nourri, vêtu, logé, pourvu d'une façon générale de tout ce qui lui est indispensable pour vivre et pour combattre. L'Etat alloue, en outre, au simple soldat une solde journalière de 0,33 fr. sur laquelle le « ménage » des unités effectue un prélèvement dans le but d'améliorer l'ordinaire de la troupe ; le restant est remis à l'homme, chaque semaine, à titre de « deniers de poche ».

C'est peu de chose assurément. S'il n'est pas désirable que l'homme dispose, en propre, de sommes qu'il risquerait de dépenser de façon inconsidérée et souvent préjudiciable à sa santé, on comprend cependant que, dans la situation où se trouve le soldat belge, privé la plupart du temps de toutes relations avec sa famille et réduit aux uniques ressources de sa maigre solde, il était nécessaire d'augmenter celle-ci dans une proportion telle, qu'il pût se procurer un peu du superflu propre à lui rendre plus supportable sa rude existence.

Aussi, dès le début des hostilités et pendant toute la durée de celles-ci, a-t-il été alloué à chaque soldat un supplément journalier de solde de 0,15 fr. (le taux est de 0,20 fr. pour les caporaux et de 0,40 fr. pour les sous-officiers). Une série de mesures successives ont été prises, en outre, à l'exemple de ce qui a été adopté dans les pays alliés et notamment en France, en vue d'augmenter rationnellement les deniers de poche du combattant, séjournant au front, et d'accorder ainsi, dans un esprit de justice et de reconnaissance, un traitement favorisé à celui qui risque journellement sa vie.

De là découle, d'abord, l'institution des *chevrons de front*. Le premier chevron, qui s'obtient après 12 mois de présence au front, donne droit à une allocation journalière de 0,05 fr. ; le même supplément est accordé pour le deuxième chevron obtenu 6 mois plus tard. Tout homme comptant 18 mois de présence au front, bénéficie donc d'une majoration de solde quotidienne de fr. 0,10.

Dès que le soldat compte 2 ans de présence à l'armée, soit au front, soit à l'arrière, il se voit allouer, en outre, une *haute-paie de guerre* fixée uniformément à fr. 0,15 par jour, laquelle est versée à un « carnet de pécule » dont il est question plus loin.

Enfin, dans le but de favoriser spécialement ceux qui, non seulement séjournent dans la zone du front, mais y sont, en outre, réellement engagés en première ligne, c'est-à-dire au combat, il a été institué une *indemnité de combat* portée d'abord au taux journalier de 1 franc, puis élevée à 3 francs et qui est accordée dans les conditions stipulées par une instruction spéciale sur la matière. Cette indemnité de combat est payée aux ayants-droit ; un tiers *en deniers*, le restant étant affecté à la constitution d'un *pécule* qui leur sera remis après la guerre, ou qui reviendra à leurs héritiers légaux.

Les vieux serviteurs voient, en outre, leurs ressources accrues par le jeu régulier des *chevrons d'ancienneté*, lesquels donnent droit à une allocation journalière de 0,10 fr. après 4 ans de bons services, de 0,30 fr après 8 ans.

Les actes de courage, enfin, sont récompensés, non seulement par l'octroi d'une distinction honorifique qui est un puissant stimulant moral, mais encore par certains avantages pécuniaires qui s'y rattachent. C'est ainsi que le soldat titulaire de la *Décoration militaire de 2e classe pour acte de courage et de dévouement* perçoit une allocation spéciale de fr. 0.20 par jour. La croix de *Chevalier de l'ordre de Léopold, l'ordre de la Couronne ou l'ordre de Léopold II* lui donne droit à une pension viagère annuelle et insaisissable de *100 francs*.

Les soldes et suppléments que nous avons mentionnés s'appliquent, comme nous l'avons dit, aux hommes qui sont logés, nourris, habillés par les soins de leurs unités. Mais, soit au front, soit à l'arrière, il existe certaines catégories de militaires qui, ne faisant pas partie d'un ménage en commun, sont obligés de s'entretenir à leurs frais. L'Etat leur alloue, suivant les circonstances, des indemnités diverses dites : de nourriture, de logement, d'habillement, indemnité spéciale à l'étranger, dont le taux est calculé de façon à leur permettre de faire face aux dépenses qui leur sont imposées. Ajoutons que, notamment dans certains services de l'arrière, des indemnités de service sont accordées à diverses catégories de militaires astreints à des missions ou des travaux spéciaux. Des considérations d'ordre particulier, enfin, sont intervenues pour régler la question du *salaire* alloué aux soldats employés comme ouvriers dans les *usines de guerre*.

Nous ne pourrions, sans nous étendre outre mesure, en dire davantage sur cette question des allocations. Mais on a pu se rendre compte qu'en dépit des grandes difficultés d'ordre financier que la guerre a créées au gouvernement belge, des efforts considérables ont été faits en vue de fournir aux hommes une solde telle, qu'ils ne se sentent pas tout à fait miséreux.

Dans le même ordre d'idées, il paraît nécessaire de signaler ici également, les mesures prises en faveur des *familles* de militaires de rang inférieur à celui d'officier. Si l'homme de troupe n'en bénéficie pas directement, elles n'en ont pas moins, pour lui, une portée matérielle et morale considérable, puisqu'elles visent à mettre les siens à l'abri du dénuement.

Dès le début des hostilités, un arrêté royal avait accordé, sous le nom de rémunération de milice, une allocation journalière de fr. 0,75 à l'épouse du militaire et de 0,25 fr. par enfant, ainsi qu'une allocation de 0,50 fr. aux parents du soldat non marié.

Eu égard aux difficultés croissantes de la vie, le taux de ces indemnités fut majoré par un arrêté-loi du 27 septembre 1916 et porté à 1,25 fr. par jour pour l'épouse ou les parents, et à 0,50 fr. par enfant.

A la même date des indemnités spéciales de logement furent accordées aux familles des militaires réfugiées en France et qui, en lieu et place de la rémunération de milice, percevaient des allocations particulières. En mars 1918, le bénéfice de ces indemnités de logement, calculées d'après un barême variant avec les pays et l'importance des villes, fut étendu aux familles domiciliées en Angleterre, aux Pays-Bas, en Suisse, en Flandre libre, lorsque la rémunération de milice ne leur fournit pas des ressources suffisantes.

B. — L'ALIMENTATION.

Point n'est besoin d'insister sur l'importance extrême de l'alimentation du soldat en campagne. Lui fournir une nourriture abondante et saine a constitué de tout temps un problème d'intérêt capital. Au début de la guerre, le soldat belge percevait à charge de l'Etat, la ration prévue par les règlements, conformément à la composition suivante :

Pain	750	grammes	
Viande fraîche	450	id.	
ou			
Viande fraîche	300	id.	
et viande conservée	100	id.	
ou			
Viande conservée	300	id.	
Café	15	id.	
Riz	30	id.	(quand la ration comprend de la viande fraîche)
	90	id.	(quand il n'est délivré que de la viande conservée)
Sel	25	id.	
Sucre	45	id.	
Poivre	0,5	id.	

A ces aliments fournis par l'intendance, s'ajoutaient les vivres acquis par le ménage propre des unités, et en ordre principal les pommes de terre et légumes frais.

Pendant les péripéties de la première partie de la campagne, il fut généralement possible, grâce à la richesse du pays et aux grandes ressources affluant dans Anvers, de fournir aux troupes, en dépit de difficultés multiples, une nourriture appropriée à leurs besoins.

La situation se transforma complètement dès le moment où l'armée dut s'établir sur l'Yser. Si la stabilisation du front facilitait dans une certaine mesure la tâche de l'Intendance, celle-ci, privée de ses magasins et de tous ses moyens d'action normaux, obligée de reconstituer hâtivement ses bases en pays étranger, se vit, par contre, dans l'obligation de résoudre sur le champ des problèmes d'une complexité angoissante. Surpeuplée, la faible portion de territoire libre occupée par l'armée ne devait pas tarder à être vidée de ses ressources déjà minimes. C'est donc à l'arrière qu'il fallut tout se procurer, pour l'acheminer ensuite vers le front. Avec l'aide précieuse de nos Alliés, l'Intendance sut faire face à toutes les nécessités. Notre armée ne souffrit jamais de la faim. Plus tard, aux difficultés que nous avons signalées, vinrent s'ajouter celles qui furent provoquées par la pénurie de certaines denrées. Le ravitaillement a passé plus d'une fois par des périodes de véritable crise. La durée de la guerre, la précarité des transports, les restrictions alimentaires qui en découlent, ne font qu'accroître le caractère ardu de la tâche à remplir. Il convient de se pénétrer de ces réalités, pour saisir toute la portée des efforts grâce auxquels nos soldats reçoivent l'alimentation substantielle indispensable. Du fait même, aussi, celle-ci diffère assez notablement de celle qui était de règle au début des hostilités. Cette dernière, au surplus, ne représentait pas l'idéal, ainsi que l'expérience n'a pas tardé à le démontrer. La nécessité apparut bientôt de varier davantage les ordinaires, d'incorporer dans l'alimentation une quantité plus forte de matières grasses, de tenir largement compte des goûts et des habitudes nationales. C'est ainsi qu'on a plus que triplé la quantité de café allouée à chaque homme. On a pu de cette façon leur procurer en abondance une boisson saine, rafraîchissante, particulièrement appréciée de nos soldats. L'allocation d'une ration de tabac s'est inspirée des mêmes considérations. Des suppléments de vivres ont été distribués aux troupes pendant les périodes de tranchées ou l'exécution de travaux pénibles. Des mesures spéciales, enfin, ont été prises pour fournir à l'armée des aliments et des boissons préparés selon les méthodes belges.

Tenant compte de ces divers points, la ration normale et les suppléments accordés ont actuellement la composition suivante :

Ration de base

Pain	**700**	**gr.**	plus indemnité en espèces de la valeur de 50 gr. de pain pour améliorer l'ordinaire
Viande fraîche	**400**	»	
ou			
Viande fraîche	**250**	»	
et			
Viande conservée	**100**	»	ou 75 gr. de fromage ou 1 hareng fumé + 5 gr. de graisse
Café	**50**	»	
Riz	**40**	»	ou 25 gr. de haricots / pois / pâtes alimentaires

Sel	25	»
Sucre	20	»
Poivre	0,5	»
Saindoux	45	»
Tabac	20	» ou 5 cigarettes
Allumettes	2	boîtes par mois.

Suppléments de vivres

Pain	175 gr.	aux troupes de service dans les tranchées ou employées aux travaux ou gardes de nuit.
Riz	20	
ou		» par jour aux troupes de service dans les tranchées.
Haricots	12	
Graisse alimentaire	10	
Riz	40	
ou		» Deux fois par semaine aux troupes occupées en permanence aux travaux de défense.
Haricots	25	
Graisse alimentaire	10	
Eau de vie	5 ctl.	par jour, aux troupes de service dans les tranchées ou au travail de nuit en première ligne.

De plus, eu égard aux conditions particulièrement pénibles et fatigantes dans lesquelles se trouvent les hommes qui doivent assurer un service de longue durée aux postes installés dans les inondations des plaines de l'Yser, une *ration de vin* leur est allouée.

Les données ci-dessus constituent la base essentielle de l'alimentation ; mais elles peuvent subir, du fait des circonstances que nous avons brièvement indiquées, certaines modifications partielles. En tout état de cause, la ration est toujours composée de façon à présenter la même valeur nutritive.

Rappelons, au surplus, comme nous l'avons déjà dit plus haut, que cette ration s'accroît des vivres que les ménages de troupe se procurent : pommes de terre, légumes, condiments divers.

Disons aussi, que pour les troupes de l'arrière, l'alimentation se rapproche autant que faire se peut — suppléments exceptés — de celle de la troupe au front. Elle est sujette, toutefois, à plus de variations. En ces derniers temps, notamment, la ration de pain, eu égard aux restrictions qui s'imposent, a été diminuée.

Quelques détails particuliers, dans le domaine qui nous occupe, achèveront de mettre en relief les méthodes et les initiatives qui ont contribué à améliorer l'ordinaire de nos troupes.

a) LE PAIN. — Après la retraite d'Anvers, alors que nos services brusquement transportés en terre d'exil se trouvaient en pleine période de réinstallation et de réorganisation, on ne put faire autrement que de fournir à nos hommes le pain provenant des manutentions françaises. **Mais ce pain au levain, ayant un** goût suret et différant assez sensiblement de celui auquel nos troupes étaient accoutumées. n'était guère apprécié. Etant donné l'importance de cet aliment de premier ordre, il y avait urgence à remédier à cet état de choses. L'Intendance se mit donc sans tarder à l'œuvre et des manutentions militaires belges furent bientôt installées à Adinkerke (Belgique) et à Bourbourg (France) où fut fabriqué la totalité du pain destiné aux troupes du front.

Cette fabrication est faite d'après la méthode belge : fermentation de la pâte par incorporation de la levure. Le travail de la pâte est effectué au moyen de pétrins mécaniques qui réalisent toutes les conditions de propreté, tout en donnant un produit bien homogène. Le travail mécanique, grâce à la célérité avec laquelle il s'accomplit, est du reste le seul qui convienne aux fabrications à grand rendement.

Les troupes de l'arrière — bases et camps d'instruction — reçoivent également du pain provenant des boulangeries belges installées sur place. Celles-ci, toutefois, ne disposent pas encore d'un outillage mécanique.

b) DEPOTS D'INTENDANCE. — SERVICE DES PLANTATIONS ET DES JARDINS POTAGERS. — Le long séjour de troupes nombreuses dans la même zone du front ayant, comme nous l'avons signalé, rapidement tari les modestes ressources locales, des dépôts ont été créés par l'Intendance en vue de procurer aux troupes le charbon, le bois, le coke, le pétrole, la paille de couchage. Ces mêmes dépôts fournissent également aux ménages des unités des légumes et des pommes de terre. Ajoutons que chaque unité dispose actuellement, pour la cuisson des aliments, d'une cuisine roulante.

D'autre part, la population agricole ayant notablement diminué dans la région occupée par l'armée, l'autorité militaire s'est préoccupée d'exploiter elle-même, en culture maraichère, toutes les terres abandonnées par leurs propriétaires. Cette exploitation est faite :

1° Par un service militaire régulièrement organisé qui a mis en valeur environ 50 hectares de ces terres et a pu fournir à l'armée de campagne des quantités considérables de légumes verts ;

2° Par certaines unités (compagnies, escadrons ou batteries) qui, dans leurs cantonnements de repos, ont aménagé et exploité, par leurs propres moyens, des potagers pour l'ensemencement desquels des graines ont été mises à leur disposition par le service de l'Intendance.

Des exploitations agricoles analogues ont été créées partout, chaque fois que les circonstances l'ont permis. Les hôpitaux, aussi bien dans la zone de l'avant que de l'arrière, possèdent des jardins potagers ou ont loué des terrains où les convalescents se livrent à la culture potagère et à celle des pommes de terre, pour la consommation des malades et du personnel. Il en est de même des centres d'instruction et des usines de guerre. Dans ces dernières, notamment, la Direction des Etablissements d'artillerie a organisé un véritable « service de culture » qui procure au personnel des légumes excellents en abondance. Ses jardins potagers occupent une superficie de près de 40 hectares. 39 hectares ont été affectés en 1917 à la culture des pommes de terre ; ce chiffre a été porté à 60 hectares en 1918. Une vacherie, comptant aujourd'hui 70 vaches laitières, fournit le lait réservé aux ouvriers de nos établissements. Ceux d'entre eux qui sont obligés de travailler dans un air insalubre (production de vapeurs nocives) reçoivent gratuitement un litre de lait par jour. La culture comporte les prairies nécessaires au pâturage des vaches, et son étendue totale n'est pas inférieure à 200 hectares. Afin d'utiliser les déchets de ménages, des porcheries ont été installées où l'on élève et engraisse les porcs qui servent ensuite à l'alimentation du personnel.

c) BRASSERIE MILITAIRE. — Avec le café, la bière est en Belgique la véritable boisson nationale, dans les classes aisées comme dans les classes laborieuses.

Au début, nos soldats purent, au cantonnement, s'en procurer en quantité suffisante, grâce aux brasseries installées dans la partie encore libre de notre territoire. Mais les bières ainsi fabriquées ne tardèrent pas à subir un amoindrissement continuel de leurs qualités gustatives et hygiéniques. Les conditions du travail étant devenues, par la faute des événements, de plus en plus défectueuses dans ces brasseries, les moûts s'infectaient aisément ; le service de santé de l'armée signala bientôt la présence du « bacillus coli » dans ces bières dont la condition médiocre était due, pour une part essentielle aussi, à la mauvaise qualité des eaux de la région de l'Yser.

Il importait donc de prendre des mesures pour sauvegarder la santé des hommes, sans les priver de leur boisson favorite. C'est alors que l'autorité décida de créer une *brasserie militaire*, ainsi qu'une *malterie* qui se procure en France, principalement dans le Gâtinais, les orges et les escourgeons à transformer en malts. Les houblons sont achetés sur place par le service de la brasserie.

La fabrication de la bière y fait l'objet d'une surveillance attentive et minutieuse. Les eaux sont examinées par un service spécial qui indique les corrections à y apporter avant leur utilisation en brasserie. Les futailles sont également l'objet de soins particuliers et subissent un nettoyage complet avant d'être réutilisées. Grâce aux précautions prises, aux perfections de la fabrication, la brasserie militaire du front belge a pu distribuer aux hôpitaux, aux magasins pour officiers et troupes, aux tentes de récréations — organismes dont nous dirons quelques mots par la suite — une bière absolument pure et saine, d'un goût agréable et que les hommes peuvent se procurer à des prix minimes.

d) SERVICE DES EAUX. — Mais le soldat doit aussi, dans de nombreuses circonstances, consommer de l'eau. Celle-ci est indispensable, d'ailleurs, pour la préparation du café et des aliments. Or, par une ironie singulière, alors que nos troupes vivent dans un pays tellement imbibé d'humidité qu'il n'est point de moyens auxquels on ne doive recourir pour se soustraire à ses méfaits, elles en seraient réduites parfois à n'avoir pas de quoi étancher leur soif, si des travaux considérables n'avaient été entrepris pour leur fournir de l'eau potable.

Pendant la bataille de l'Yser, alors que les services de ravitaillement de notre héroïque, mais miséreuse armée, se trouvaient complètement désorganisés, combien d'hommes n'eurent pour se désaltérer que l'eau fangeuse et nauséabonde des fossés. Des précautions infinies durent être prises, dès que la tragique mêlée eût pris fin, pour empêcher qu'une épidémie de fièvre typhoïde ne vint décimer ce qui restait de l'armée belge. Les puits existants dans la zone même des combats avaient été envahis par l'eau saumâtre des inondations qui charriait des cadavres par centaines. Ceux qui subsistaient dans les localités non encore ravagées par le feu, suffisaient à peine aux besoins locaux.

C'est donc à l'arrière qu'il fallut s'ingénier à découvrir d'abord de l'eau potable, et s'occuper ensuite de la faire parvenir jusqu'aux premières lignes.

Ces quelques indications suffisent à caractériser les difficultés à surmonter. Un chiffre les mettra éloquemment en relief : pour atteindre la nappe aquifère potable, on a dû procéder par endroits à des forages dont la profondeur atteint jusqu'à 125 mètres.

Cette eau étant recueillie dans des terres d'alluvions, n'est cependant pas immédiatement propre à la consommation. Un *service de stérilisation et d'épuration* a donc été organisé sur place.

Des allèges et des wagons-citernes la transportent alors vers le front, le plus près possible des parties prenantes, à raison de 140.000 litres par jour, en moyenne.

e) SIROPERIE. — Toujours soucieuse du bien-être des hommes, l'Intendance a décidé la création d'une *siroperie*, afin de mettre à la disposition du soldat une confiture très saine (sirop de pommes et de poires), d'une consommation courante dans le peuple en Belgique, à des prix de loin inférieurs à ceux que coûtent actuellement les confitures, souvent médiocres, acquises dans le commerce.

f) MAGASINS POUR TROUPES. — La guerre a fatalement provoqué une hausse considérable du prix d'une foule de marchandises que le soldat tient à se procurer, malgré la modicité de ses ressources : douceurs diverses qui agrémentent son menu quotidien, objets de toilette, etc. Il importait donc de les lui fournir à des conditions raisonnables et de soustraire ainsi nos hommes à la rapacité des marchands qui ne se font point faute de les exploiter.

C'est dans ce but que des magasins militaires fixes furent constitués, dès le milieu de 1915, dans les cantonnements occupés par la troupe. Cette organisation s'est progressivement perfectionnée. A l'heure actuelle, les soldats peuvent se procurer dans ces magasins, à des prix très avantageux — tout esprit de lucre y étant étranger — les denrées et les menus objets qu'ils désirent : bière, confitures, beurre, chocolat, sucre, fruits et légumes en conserve, conserves de viande ou de poisson ; articles de fumeur, papier à lettre, savon, articles de photographie, etc.

Chaque magasin fixe est complété par un magasin ambulant qui se rend journellement dans les cantonnements éloignés et y met en vente les mêmes articles.

Deux magasins spéciaux *pour officiers* ont été créés également dans la zone de l'avant et desservent chacun une moitié du front belge. Leurs approvisionnements sont plus variés et mieux appropriés, nécessairement, à leur clientèle spéciale. Ils débitent des comestibles, des cigares, tabacs, cigarettes, des eaux minérales, bières, vins divers, même des objets d'habillement et de lingerie.

Il est clair que ces magasins du front doivent être constamment réapprovisionnés. Ils se fournissent eux-mêmes à cette fin auprès d'un organisme central installé à l'arrière et dénommé *Magasin central pour officiers et troupes*. Ses vastes locaux renferment en tout temps une réserve d'approvisionnements suffisante pour satisfaire aux besoins des magasins du front pendant une période de trois mois.

Les troupes de l'arrière bénéficient également d'une organisation semblable qui s'est substituée à des initiatives privées, d'ailleurs fort louables, mais forcément moins pratiques en raison même de leur isolement. Des *magasins de débit* fonctionnent maintenant dans les cantonnements de l'arrière et les camps d'instruction, à l'usage des garnisons, c'est-à-dire des militaires belges et leurs familles, y compris celles des hommes qui accomplissent leur rude devoir sur l'Yser. De même que les organismes analogues du front, ces magasins de débit sont alimentés par un «magasins central d'approvisionnements des troupes de l'arrière».

Les services rendus par cette organisation, dont la mise sur pied s'est heurtée à tant de difficultés, sont inestimables. Elle concourt, pour une part capitale, à rendre moins pénible aux membres de l'armée, le renchérissement croissant de la vie.

C. — HABILLEMENT ET EQUIPEMENT.

Si l'armée belge partit en campagne avec un habillement et un équipements complets, il faut bien convenir, pourtant, que ni l'un ni l'autre ne répondaient aux nécessités de la guerre. Les vêtements de teinte sombre, trop ajustés au corps et généralement lourds, outre qu'ils péchaient par un excès de visibilité, devenaient accablants dès qu'apparaissait le soleil et s'imbibaient d'eau à tel point, dès que la pluie persistait, qu'il devenait presque impossible de les faire sécher. Le havre-sac, encombrant et rigide, sciait les épaules, meurtrissait le dos et les reins. Le shako en cuir bouilli, d'un poids insupportable, emmagasinant la chaleur, faisant ruisseler la pluie dans le cou, mettait rapidement les hommes au supplice. La plupart, bientôt, l'abandonnèrent pour se coiffer seulement de l'ancien calot rond de l'infanterie. Dès le mois de septembre on fit confectionner en toute hâte une nouvelle coiffure, casquette à visière, avec turban pouvant se rabattre de façon à couvrir la nuque et les oreilles, et qui, malgré son imperfection, fut cependant bénie par nos hommes pendant le premier hiver.

Les principaux défauts que nous venons de rappeler n'étaient, d'ailleurs, pas ignorés en temps de paix. On les avait signalés à maintes reprises. Des expériences et des essais avaient été entrepris en vue d'apporter à la tenue de campagne certaines modifications essentielles. Mais ils n'avaient pas encore abouti. L'adoption de modèles nouveaux eût absorbé des sommes considérables. Au moment où le pays devait consentir le surcroît de dépenses nécessité par la réorganisation et le renforcement de l'armée, on jugea prudent de réserver, provisoirement au moins, la question des uniformes.

Quoi qu'il en soit, dès le début des hostilités, l'habillement et l'équipement des troupes, dont les effectifs s'étaient grossis de milliers de volontaires et de recrues de la classe 1914, purent être assurés, dans des conditions à peu près satisfaisantes, au moyen des réserves existant dans les divers magasins constitués dès le temps de paix et des achats effectués.

Mais lorsqu'il fallut en toute hâte évacuer Anvers, d'abord, puis Ostende, pour transporter nos bases dans la région de Calais et du Havre, la situation de nos approvisionnements devint inévitablement fort précaire. Après la bataille de l'Yser, au moment même où nos troupes n'étaient plus vêtues que d'uniformes élimés, boueux, criant la misère, les réserves de l'intendance étaient, autant dire, épuisées. Celle-ci s'adressa, d'abord, et tout naturellement à la France, en vue d'obtenir ce qui lui était nécessaire. Mais la France était elle-même, à cette époque, en grande partie tributaire de l'étranger, par suite de l'occupation de ses départements les plus industriels. L'intendance belge dut donc se tourner vers l'Angleterre et vers l'Amérique, surtout, pour s'y procurer les objets de première nécessité destinés au ravitaillement de ses magasins. Il va de soi que l'on se préoccupa beaucoup moins, à cet instant, de l'uniformité, que d'acquérir l'indispensable. Il importait assez peu que les tenues fussent disparates, pourvu que les hommes fussent pourvus de vêtements et de sous-vêtements propres à les protéger contre les intempéries et le froid.

Cette première difficulté vaincue, la question de la transformation de la tenue se posa sérieusement dans les derniers jours de 1914, alors que l'on put s'occuper de reconstituer entièrement nos réserves en prévision de l'avenir.

Rompant résolument avec les anciens errements, et mettant à profit les leçons de l'expérience, on décida de réaliser une tenue à la fois pratique et confortable, convenant aux hommes et répondant aux besoins de la guerre.

Deux points principaux furent envisagés : la teinte et le modèle des vêtements. Ce fut, comme on sait, la couleur khaki qui l'emporta. Pour le modèle des vêtements, on tint le plus large compte des désirs mêmes exprimés par les hommes. La petite veste étriquée, à deux poches de poitrine, anciennement en usage, fut remplacée par la vareuse du type anglais, beaucoup plus longue et munie de quatre poches dont deux à soufflets. Pour la différencier de celle de nos alliés, elle fut garnie d'écussons et de passepoils distinctifs.

Le modèle des capotes et pantalons fut maintenu, avec quelques améliorations de détail pour les premières. Les troupes montées furent pourvues d'un nouveau manteau cintré à la taille, à jupe très ample, débarrassé de l'encombrante et lourde pèlerine, tandis que, comblant le vœu des hommes, la culotte et les guêtres moulées vinrent se substituer à l'ancien pantalon Lasalle, aussi incommode que disgrâcieux.

De plus, chaque soldat fut muni d'une tenue légère d'été, en coton khaki, composé d'un pantalon et d'une vareuse de même modèle que la tenue d'hiver.

Quant à la coiffure, la casquette anglaise remplaça le képi à turban, décidément peu pratique ; celle-ci céda elle-même la place, un peu plus tard, comme coiffure de repos, au bonnet de police porte-feuille, type national par excellence, lorsque le casque fut adopté pour le service dans la zone de combat.

Cette dernière adoption date du mois d'octobre 1915, et fut décidée à la suite des rapports élogieux dont avait fait l'objet le casque métallique mis en usage dans l'armée française. L'autorité s'empressa de faire bénéficier les nôtres des avantages de cette coiffure qui protège parfaitement la tête contre les éclats d'obus et de shrapnels et les ricochets de tous les corps durs. Un médecin belge a même apporté, par la suite, des perfectionnements à ce casque, dans le but surtout de mieux garantir les yeux.

Une calotte en laine tricotée, se portant sous le casque, fut adoptée en même temps. Elle en rend le port plus confortable et permet aux hommes, par temps froids et pluvieux, de se couvrir les oreilles et une partie de la nuque.

Un nouveau type de havresac en toile imperméable, souple et léger, fut mis en service en remplacement de l'ancien sac en peau de veau. Un grand nombre d'équipements complets « Mills », d'un modèle analogue à celui qui est en usage en Angleterre, furent également acquis.

Rien ne fut négligé pour doter les hommes, en temps opportun, de sous-vêtements chauds destinés à leur rendre moins pénible le séjour dans les tranchées. Tous sont munis d'un tricot ou gilet de chasse en pure laine, d'une écharpe et d'une paire de gants. Les magasins sont largement pourvus de ces objets, de façon à pouvoir faire face, sur le champ, à toute demande de renouvellement.

Chaque homme possède, en outre, deux chemises de flanelle deux caleçons, deux camisoles, deux mouchoirs de poche et deux paires de chaussettes.

Les troupes les plus exposées aux intempéries sont dotées d'une chape en peau de mouton. Tous les hommes disposent, au surplus, d'un vêtement en toile imperméable consistant, soit en un élément de tente approprié, soit en un pardessus en toile huilée, de teinte khaki.

Le petit équipement comprend une gamelle et une gourde en aluminium, un couteau, une fourchette, une cuillère. Afin d'éviter la brisure et l'émiettement des biscuits constituant la ration portée par l'homme, ceux-ci sont conservés dans une boîte métallique appropriée. Le souci de l'hygiène corporelle a fait doter chaque soldat d'un bassin de toilette pliant, en toile imperméable, ainsi que de deux essuie-mains.

La question si délicate de la chaussure a pu être résolue, aussi, d'une manière satisfaisante. Jamais, même après la bataille de l'Yser, nos troupes n'en furent dépourvues. Près d'un million de paires de bottines furent achetées en Amérique. Actuellement, les bottines sont confectionnées en France, sous la surveillance de l'Intendance et d'après un type rationnel, ayant fait ses preuves et dont tous les hommes sont satisfaits.

Les troupes appelées à séjourner dans les terrains inondés, disposent, suivant les cas, de grandes bottes ou de demi-bottes en caoutchouc.

Ajoutons que des études sont activement poursuivies en vue de créer une *saboterie* capable de fournir en permanence à tous les soldats des sabots de bonne qualité pour la tenue d'intérieur.

En résumé, on peut affirmer que tout a été mis en œuvre pour doter l'armée belge d'une tenue et d'un équipement aussi pratiques et aussi confortables que les circonstances le permettent. Elle peut soutenir, à cet égard, la comparaison avec n'importe laquelle des armées alliées ; les visiteurs étrangers admis à parcourir le front belge ont toujours été unanimes à le reconnaître.

D. — LOGEMENT ET COUCHAGE.

Quand l'armée se fut établie sur l'Yser, les troupes descendant de leur service aux tranchées, furent cantonnées dans les villages et les fermes de la région occupée, qui, à cette époque, subsistaient encore en nombre suffisant pour abriter les hommes.

Mais le canon allemand, s'acharnant sans répit sur tout ce qui se trouve à sa portée, n'a bientôt plus laissé subsister que des ruines, en lieu et place des humbles bourgades du Veurne-Ambacht. Il faut se reporter loin derrière le front pour trouver quelques rares localités encore épargnées par les obus. C'est là que sont installés les organismes qui ne sont pas dans l'obligation de s'établir à proximité plus grande des lignes. C'est là aussi que cantonnent, dans les limites permises, une partie des unités mises au repos. Mais il serait impossible d'y loger toutes les troupes qui ne sont pas de garde aux tranchées. On conçoit aisément, d'ailleurs, que les bataillons en réserve, désignés pour être alertés les premiers en cas d'attaque, doivent être assez rapprochés des premières lignes pour pouvoir se porter au combat dans le plus bref délai.

La question a été résolue par la construction de nombreux logements dans chaque secteur de division. Encore-a-t-il fallu éviter de créer des agglomérations trop denses qui eussent offert une cible trop favorable aux canons et aux avions ennemis. Des baraquements ont été parsemés dans toute la région occupée ; ils peuvent abriter plus de 100.000 hommes.

Au début, et vu la nécessité de faire vite, on dut se contenter d'édifier des installations relativement sommaires. Certaines troupes logèrent sous la tente ; pour la majeure partie, le génie construisit des baraquements en tôles cintrées, sous lesquelles les hommes étaient couchés côte à côte, sur de longs châlits occupant tout d'une pièce les deux parois de l'abri. Les châlits étaient assez élevés pour permettre à une seconde série d'hommes de s'étendre sur leurs sacs de couchage. Mais les occupants manquaient d'air et pour se mouvoir, ne disposaient que de l'espace d'un couloir central.

Ce ne pouvait être là qu'une solution rudimentaire et provisoire. Le souci du bien-être et de la santé des troupes exigeait impérieusement que l'on fît mieux, en prévision surtout de la mauvaise saison, humide, âpre et rigoureuse dans la région basse de la Flandre maritime.

Le recours à la maçonnerie s'imposait. Mais les travaux de ce genre ne sont pas « démontables ». Le génie conçut alors deux espèces de baraquements-types. Les uns sont considérés comme partiellement récupérables, car ils comprennent peu de maçonnerie. Les autres sont définitifs et construits de manière à pouvoir se transformer en maisons d'habitation.

Quand les populations en exil pourront rentrer dans la Flandre ravagée et ruinée par les Allemands, c'est là qu'elles seront à même de créer leurs nouveaux foyers.

De ce dernier type sont les logements pour officiers et les cuisines-salles de réunion où la cuisine est conçue de telle sorte qu'on puisse y installer des douches fixes ou y introduire la cuisine roulante. Dans ce bâtiment, une place est réservée de plus au bureau de la compagnie et une autre au sergent-fourrier, au tailleur et au cordonnier. Une grande salle, qui mesure 11 mètres sur 5, fait office de cantine et sert aux théories, cours, conférences, etc.

Pour le logement même de la troupe on s'est inspiré, ainsi que nous le disions, du principe suivant : peu de maçonnerie, charpente récupérable. Le cube d'air prévu pour chaque homme est de 3,7. Aux extrémités, contre les pignons, un emplacement est aménagé pour les rateliers d'armes. Au centre, un foyer maçonné permet de porter la température au degré voulu, pendant les époques de bise et de gel. Il n'y a plus qu'un étage de couchettes. Les châlits sont réunis par couple et munis d'un quadrillage en fer feuillard formant ressort, disposition fort appréciée par les hommes ; chacun d'eux dispose, en effet, d'un couloir qui lui permet d'atteindre la tête de son lit. Ici, le dessus des sablières forme une série de petits compartiments compris entre les voliges de la charpente. Les soldats y placent leur pain, leur beurre, leur gourde, de menus objets. De part et d'autre, deux voliges réalisent des emplacements pour y déposer les casques, masques, besaces, etc. Des clous recourbés, fixés aux fermes, forment porte-manteaux. Des dispositifs appropriés laissent pénétrer l'air et la lumière. Le soir, celle-ci est masquée aux vues extérieures par des volets coulissant dans des rainures.

Le soldat au front qui, au début, n'avait pas manqué de se plaindre — non sans raison d'ailleurs — de l'incommodité des logements, est aujourd'hui aussi satisfait qu'il puisse être. Il est le premier à apprécier les efforts faits dans ce sens, et à reconnaître que les améliorations dont il bénéficie à présent ne pouvaient être acquises qu'à la longue.

Le couchage des hommes a été l'objet de soins tout aussi assidus. Au moment de la retraite d'Anvers, la situation à cet égard se présentait sous un jour absolument navrant. Tous les objets de couchage avaient dû être abandonnés ; seule une partie des troupes de forteresse était arrivée en France en possession d'une couverture.

Aussi nos héroïques soldats durent-ils livrer la farouche bataille de l'Yser, sans même avoir de quoi se couvrir pendant les rares heures de repos, ni pendant les nuits d'octobre humides et froides.

Pour remédier à ce pénible état de choses, l'Intendance procéda d'urgence à des achats de couvertures en Angleterre. Avant la fin de 1914, tous les hommes en possédaient une, mais ils ne disposaient pas encore d'autres objets de literie. Ils couchaient sur de la paille.

Une première amélioration fut réalisée par la remise d'une enveloppe de sommier aux troupes installées dans les cantonnements de repos. A l'heure actuelle, tous les hommes indistinctement disposent d'un sommier, même lorsqu'ils sont de service dans les tranchées.

Dans le double but d'augmenter le confort du soldat et de réduire la consommation de la paille, nécessaire à d'autres usages, la paille de couchage dont on rembourrait les sommiers, fut remplacée progressivement par du *varech* (algues marines) ou par du *crin végétal*. Ce dernier est aujourd'hui adopté pour toutes les troupes du front ; le varech est réservé aux formations de l'arrière. Enfin, pendant l'hiver, tous les hommes peuvent être pourvus de deux couvertures, ce qui les met à l'abri complet du froid.

***

L'application progressive de mesures analogues a permis également de fournir aux troupes de l'arrière, dans les camps d'instruction, les bases de l'armée, les usines, etc..., un logement et un couchage confortables. Nous ne nous étendrons pas longuement sur ce sujet. Nous dirons seulement que la situation, réellement pitoyable, au début, dans certains camps d'instruction où l'on manquait de tout, a fait place à un état de choses totalement satisfaisant. Les recrues sont aujourd'hui logées, soit dans des bâtiments appropriés, soit dans des baraquements pratiquement conçus et pourvus de tout le nécessaire. Il en est de même de tous les nombreux services fonctionnant à l'arrière. Les établissements d'artillerie de la région du Havre, qui occupent une population ouvrière extrêmement nombreuse, offrent un exemple caractéristique de ce que la volonté, l'initiative et l'esprit d'organisation peuvent réaliser. Les quelques détails suivants seront, sans doute, lus avec intérêt.

Qu'il s'agisse des ouvriers ou des militaires affectés aux services généraux, les hommes mariés et vivant en famille sont autorisés à loger en ville, tandis que le restant du personnel habite en commun dans les cantonnements édifiés de toutes pièces.

Ceux-ci se composent d'une série de baraquements, comportant généralement deux chambres qui reçoivent chacune 45 hommes au maximum. Les derniers baraquements construits mesurent 25 mètres de longueur sur 15 de largeur, et ont une hauteur moyenne de 3,25 mètres. Les chambres sont garnies de lits de camp ; les hommes disposent d'une paillasse et de couvertures. La plupart ont rivalisé d'ingéniosité pour construire eux-mêmes des couchettes, avec des morceaux de planches constituant bois de lit et des bouts de fil de fer faisant office de ressorts.

Primitivement construites en bois, les chambres sont actuellement édifiées en fibro-ciment. De larges baies ménagées dans les parois assurent une aération abondante et servent d'issue de secours en cas d'incendie. Des tables et des bancs installés dans l'axe des chambres, permettent aux hommes de prendre commodément leurs repas.

Des soins particuliers — c'est d'ailleurs le cas général partout — ont été apportés à l'installation des cuisines, afin que la préparation des aliments soit assurée dans les meilleures conditions. L'épluchage des pommes de terre se fait mécaniquement, de même que le hachage de la viande et la mouture du café. Le visiteur ne peut manquer d'être frappé de l'ordre et de la propreté, ces qualités innées du Belge, qui règnent en tous lieux, et donnent à nos diverses installations cet aspect à la fois réconfortant, familial et riant.

E. — L'HYGIENE.

Une mention spéciale revient, dans le domaine du bien-être matériel du soldat, aux organisations qui furent successivement créées et développées en vue de garantir l'hygiène individuelle des hommes, aussi bien que l'hygiène générale de l'armée. Nous passerons rapidement en revue les principales d'entre elles.

a) SERVICE DES EVACUATIONS. — Dès le début de novembre 1914, c'est-à-dire à l'instant même où la bataille de l'Yser s'achevait par la défaite allemande, il fut créé un service des évacuations ayant pour but de recueillir et de mettre en bon état, après désinfection et lavage, les objets d'habillement, d'équipement, de lingerie et les couvertures trouvés sur le champ de bataille, évacués par l'armée de campagne, ou délaissés par les blessés et les malades.

L'établissement fondé dans ce but, qui s'est progressivement étendu et perfectionné, a rendu dès le début et n'a pas cessé de rendre les plus grands services au triple point de vue de l'hygiène de la troupe, de l'approvisionnement et des finances de l'Etat.

b) BUANDERIES. — Une buanderie, annexée dès l'origine à ce service, assura, en outre, le lavage d'une partie du linge de corps des hommes. Mais elle ne pouvait suffire aux nécessités. Aussi fut-elle bientôt secondée dans sa tâche par un établissement spécial de bains et buanderies créé dans la zone de l'avant et fondé grâce à une généreuse initiative philantropique.

Se rendant compte, cependant, des services considérables que les organisations de ce genre devaient rendre, l'autorité militaire décida de les prendre à sa charge.

Après avoir considérablement agrandi et amélioré le premier établissement de bains et buanderies, l'avoir muni d'appareils les plus modernes, elle en créa un deuxième, en tous points analogue, en un autre endroit du front.

En attendant que les constructions décidées fussent achevées, et qu'une quatrième buanderie eût été installée à l'arrière, l'autorité belge compétente traita avec une société française pour le lavage périodique des couvertures et des effets d'habillement de la troupe.

A l'heure actuelle, les buanderies en fonction, toutes pourvues d'un outillage perfectionné, fournissent un rendement capable d'assurer la désinfection, le lavage périodique et la réparation de tous les objets d'habillement, d'équipement, de lingerie et des objets de couchage en service, tant dans l'armée de campagne, que dans les formations sanitaires et à l'arrière. Il n'est pas exagéré de présenter comme un véritable modèle du genre, les installations ainsi réalisées.

c) ETABLISSEMENTS DE BAINS. — BAINS SULFUREUX. — BAINS DOUCHES. — Ainsi qu'il a été dit, un service des bains est annexé à chacune des buanderies du front. Le linge et les effets dont les militaires sont porteurs quand ils se présentent dans les établissements de bains, sont désinfectés dans des étuves système « Geneste-Herscher », à la température de 115° centigrades. Grâce à ce procédé, on est parvenu à débarrasser les troupes de toute vermine ou de germes infectieux.

Chaque cabine de bains met à la disposition du soldat un miroir, du savon, une brosse, un essuie-mains. A la sortie du bain, il reçoit du linge propre (neuf ou réparé) et ses effets d'habillement, désinfectés, lui sont restitués.

Les deux établissements de bains installés au front, peuvent délivrer ensemble, environ 3.000 bains chauds par jour. Un salon de coiffure est annexé à chacun d'eux : les instruments en service sont désinfectés aux vapeurs de formol.

L'un de ces établissements possède, en outre, une installation pour *bains sulfureux* à l'usage des galeux et des hommes atteints d'affections parasitaires.

Enfin, indépendamment de ces établissements de bains proprement dits, quatre installations de *bains-douches* fonctionnent à proximité du front. Elles ont été organisées par des initiatives philantropiques qu'on ne saurait assez louer : l'Etat fournit, de son côté, toutes les matières nécessaires à l'exploitation, combustibles, savon, soude, huile, etc.

Chaque installation comporte une série de 20 compartiments de douches, dont 2 réservés aux officiers, et leur rendement total atteint le chiffre de 3.000 bains quotidiens. La désinfection du linge et des vêtements s'y opère également au moyen d'étuves à vapeur.

Les organisations que nous venons de mentionner permettent de délivrer au moins un bain par mois, à tous les hommes de l'armée de campagne ; leur contribution au maintien de l'hygiène remarquable qui règne parmi nos troupes, n'a pas besoin d'être mise davantage en évidence.

Dans les formations de l'arrière, c'est le système des bains-douches qui a été généralisé. Des salles d'affusion existent dans toutes nos agglomérations militaires : centres d'instruction, établissements d'artillerie et de l'intendance, etc., de même qu'elles existaient en temps de paix dans les divers casernements. Dans nos usines de guerre, les hommes sont obligés de passer à la douche au moins une fois par semaine ; ceux qui le désirent sont autorisés à prendre des bains plus fréquemment encore.

F. — HOSPITALISATION DES MALADES, DES BLESSES ET DES INVALIDES.

Nous n'avons eu en vue jusqu'ici, que les améliorations matérielles apportées au sort du soldat valide, combattant du front ou travailleur de l'arrière. Mais comment ne pas accorder, dans cet exposé une place particulière à la sollicitude dont l'Etat a voulu entourer la catégorie si intéressante, à tant de titres, des blessés, des malades, des invalides de la guerre ?

Outre qu'un devoir d'humanité élémentaire oblige de fournir à ceux qui sont tombés sur le champ de bataille, tous les soins que leur état réclame, outre que l'armée a besoin de récupérer dans le plus bref délai les blessés susceptibles de guérison, la question que nous envisageons ici possède une haute et indiscutable portée morale et sociale.

La guerre moderne est une impitoyable faucheuse d'hommes. Elle tue et blesse effroyablement et sans répit. Si la mort qui toujours rôde autour de lui n'effraie point le vrai soldat, celui-ci appréhende davantage, peut-être, la blessure grave et les mutilations qui l'exposent à devenir un être impotent et inutile. C'est l'évidence même, dès lors, que l'homme combattra avec d'autant plus de courage et de mépris du danger, qu'il saura que tout est mis en œuvre, s'il est blessé, pour alléger ses souffrances et le guérir. S'il faut qu'un sort glorieux, mais cruel, le réduise à l'invalidité, le soldat doit posséder la certitude qu'il ne sera pas considéré quelque jour comme un déchet d'humanité, mais que l'Etat, au contraire, veillera sur lui constamment avec une sollicitude égale au sacrifice qu'il aura consenti.

La Belgique n'a point failli à ce devoir. L'œuvre accomplie par notre service de santé militaire, de même que les organismes créés à l'intention des invalides et des mutilés, ont plus d'une fois été l'objet d'éloges chaleureux et mérités.

Certes, tout ne s'est pas réalisé en un jour. Et peu d'armées, sans doute, ont passé par des affres plus douloureuses que la nôtre, lorsqu'il fallut évacuer Anvers et Ostende et quand affluèrent, par surcroît, les milliers de blessés de la sanglante bataille de l'Yser.

Mais ce n'est pas ici le lieu ni le moment de retracer les étapes, hérissées de difficultés, qu'il a fallu parcourir pour aboutir à la situation actuelle. Bornons-nous à esquisser ce que tant d'efforts persévérants ont finalement produit, avec l'aide inestimable de la Croix-Rouge.

Au front même, d'abord, les postes de secours et les postes avancés de chirurgie urgente, les ambulances et les infirmeries divisionnaires, tous desservis par un personnel nombreux, d'une compétence professionnelle éprouvée, d'un dévouement absolu, garantissent au soldat malade ou blessé un maximum de secours dans un minimum de temps.

Ce sont, ensuite, en dehors de l'hôpital d'évacuation, les quatre grands hôpitaux du front, édifiés de toutes pièces dans la zone de l'avant et destinés à recevoir les blessés non encore transportables. Il n'est pas possible de décrire ici leur installation. Le moins qu'on en puisse dire, c'est que les juges les plus compétents, les considèrent comme de véritables modèles du genre.

C'est la vaste organisation hospitalière, alors, que l'on trouve à Calais, base principale de notre armée. Ce sont, enfin, les établissements sanitaires dits « de l'intérieur », créés en France et en Angleterre, pour nos blessés, nos malades et nos convalescents.

L'idée maîtresse qui a présidé à la réalisation progressive de cet ensemble, réside en la constitution de services sanitaires exclusivement belges, totalement indépendants, desservis uniquement par un personnel belge. Ainsi nos blessés, si loin qu'on les transporte du front de bataille, se retrouvent dans un milieu familial. L'homme n'éprouve point cette impression pénible d'être isolé parmi des étrangers ou des inconnus. C'est dans sa propre langue qu'on lui parle. Médecins, infirmiers, infirmières, sont ses compatriotes. Une atmosphère patriale l'entoure. Il se sent bien, parce qu'il se sent chez lui.

Faut-il dire que nos hôpitaux militaires ont adopté les moyens et toutes les méthodes prophylactiques les plus propres à assurer le prompt soulagement et la guérison rapide des blessures et des maladies ?

Des hôpitaux ou services spéciaux ont été créés pour les tuberculeux, pour les malades atteints d'affections mentales, nerveuses, vénériennes, etc. Des établissements particuliers sont affectés à la cure marine. Des cabinets dentaires sont installés jusqu'au front même. Dans les principales garnisons de l'arrière, les hôpitaux belges sont dotés de polycliniques desservies par des médecins spécialistes.

En somme, et sans qu'il y ait lieu d'entrer dans de plus amples détails — qui relèveraient d'ailleurs de la technique médicale — on peut affirmer que dans les circonstances si difficiles et si spéciales où notre armée s'est trouvée, il eût été difficile de réaliser une organisation plus complète et qui réponde mieux aux besoins existants.

***

Pour ce qui regarde, en particulier, les invalides et les mutilés, c'est par étapes aussi qu'il a fallu procéder.

Vers la mi-novembre 1914 déjà, il se trouvait à l'arrière un nombre élevé de soldats qu'une plaie articulaire, nerveuse ou osseuse avait mutilés et rendus inaptes à reprendre leur service.

Si des soins convenables, qu'un hôpital ordinaire ne pouvait leur procurer, ne leur étaient pas assurés, beaucoup de ces malheureux risquaient de devenir un jour des épaves. Les moins gravement atteints pouvaient seuls trouver le moyen de se rendre encore utiles, par le travail. Classés sous la rubrique générique de « réformés », ceux-là furent provisoirement licenciés avec une indemnité journalière de 2,50 fr.

Pour les autres, la majorité hélas ! les efforts initiaux tendirent à satisfaire aux nécessités les plus urgentes. Le 23 décembre 1914, le Ministre de la Guerre inaugurait à Rouen les premiers locaux destinés au traitement et à la rééducation fonctionnelle des mutilés. Ils furent graduellement étendus et complétés. On y trouve réunis, en ordre principal, les installations physiothérapiques et le service orthopédique.

Les premiers englobent la mécanothérapie, la thermothérapie, la radiologie, l'électrothérapie, la gymnastique médicale. Le second comprend les interventions chirurgicales et la prothèse.

Les résultats obtenus furent tels que, dans le courant des dix premiers mois, sur 2.900 blessés admis en traitement, 1.170 ou 40 % avaient été rendus à la guérison complète et avaient pu rejoindre l'armée ; un grand nombre, ayant recouvré une aptitude suffisante au travail, avaient pu être « réformés ». En somme, le nombre des invalides était réduit au minimum.

Pour ceux-ci se posait, comme nous l'avons noté en passant, un problème social d'importance capitale. Lui aussi fut résolu graduellement d'une façon complète.

Dès la fin de la bataille de l'Yser, à l'initiative de feu M. Schollaert, Ministre d'Etat et Président de la Chambre des Représentants un *Dépôt des Invalides* s'organisait à Sainte-Adresse. Simple « home » au début, destiné à l'hospitalisation des grands blessés et mutilés, cette organisation se compléta de toutes les installations nécessaires à assurer la rééducation fonctionnelle et professionnelle des hospitalisés. Devenu le camp actuel de *La Sous-Bretonne*, l'œuvre, administrée désormais par l'Etat, est une véritable annexe de l'institut principal dont les assises étaient jetées en juin 1915, par le Ministre de la Guerre, à Port-Villez. Le Dépôt des Invalides ne pouvait pas, en effet, suffire aux besoins et n'était pas susceptible du développement qui s'imposait.

L'Institut de Port-Villez, qui a pris le titre définitif d'Institut militaire des Invalides et Orphelins de la Guerre, est aujourd'hui un des établissements les plus vastes et les plus perfectionnés qui aient été conçus pour la rééducation des mutilés. Nous ne pouvons songer ici à décrire ses installations dont on trouvera un exposé complet dans le volume de M. de Paeuw (1).

Les blessés graves, rangés sous la dénomination générale d'invalides, y sont entretenus par l'Etat et continuent de figurer sur les contrôles militaires. Des cours leur sont donnés pour compléter ou parfaire leur instruction ; leur rééducation fonctionnelle est

(1) *La Rééducation Professionnelle des soldats mutilés et estropiés*, Librairie militaire Berger-Levrault, Paris, Nancy.

poursuivie sous la direction d'un personnel médical ; tous les métiers susceptibles de leur fournir un gagne-pain y sont enseignés. Du point de vue physique, comme du point de vue moral, les hommes sont l'objet des soins les plus dévoués et les plus assidus.

Une organisation spéciale est consacrée à la catégorie dite des « intellectuels », auxquels il convient d'assurer, au lieu d'un métier manuel, une profession en rapport avec leurs connaissances déjà acquises, entretenues et développées.

Ajoutons, enfin, que l'Institut de Port-Villez s'est récemment annexé une section des aveugles. Ces grandes victimes de la guerre avaient été hospitalisées, auparavant, dans un établissement d'Amiens.

***

Un mot encore, pour en finir avec la question qui nous occupe. Nous avons dit qu'au début, et faute d'installations capables de les recevoir, une partie des soldats déclarés inaptes au service avaient été mis « en réforme » avec une indemnité journalière de 2.50 fr. Mais beaucoup d'entre eux ne tardèrent pas, leur mal s'aggravant, à se trouver dans une situation pénible. D'autres, au contraire, guéris, avaient recouvré une aptitude totale ou partielle au service militaire. On dut s'occuper de les récupérer et de faire reviser les certificats de réforme accordés. On fut amené ainsi à régler d'une façon complète la situation des inaptes définitifs. Tenant compte du fait, qu'isolés pour la plupart de leurs familles, ils ne pouvaient, avec une indemnité forcément modique, pourvoir à leur subsistance et recevoir les soins réclamés par leur état de santé, un arrêté-loi du 5 avril 1917 établit ce principe que tous ceux dont l'intérêt même l'exigerait, seraient placés ou maintenus dans les établissements de rééducation professionnelle ou fonctionnelle.

Les autres pourraient obtenir leur licenciement par réforme. Dans cette situation, ils perçoivent une indemnité tenant lieu de pension, et fixée d'après un tarif qui tient compte du degré de leur incapacité de travail.

Disons, enfin, que les mesures transitoires actuelles maintiennent aussi aux veuves et orphelins des militaires tués ou décédés pendant la guerre, en lieu et place de la pension qui leur reviendra ultérieurement, le droit aux indemnités régulières de logement et de rémunération, indépendamment d'un premier secours attribué au moment du décès du militaire.

Le règlement définitif de la question des pensions dues aux victimes du devoir militaire, ne peut pas, en effet, être envisagé à l'heure actuelle par le Gouvernement. Il devra faire l'objet d'une loi, discutée et votée par les Chambres législatives, dès la libération du pays. Toutes les études préliminaires se font dès à présent. Ainsi que l'a formulé un rapport au Roi, c'est à ces victimes « que doit aller d'abord la reconnaissance de la Patrie ». On peut être assuré que la Belgique voudra leur faire un sort digne des sacrifices qu'ils auront consentis pour qu'elle retrouve sa grandeur et sa liberté.

II. — Amélioration du bien-être moral.

Ainsi qu'il est naturel et qu'on a pu le constater par notre exposé, l'amélioration du bien-être matériel de la troupe ressortit à peu près exclusivement à l'autorité militaire. Il s'agit de plus, pour celle-ci, d'atteindre, dans cet ordre d'idées, une série de buts bien définis. C'est ce qui nous a permis d'envisager chacun d'eux séparément et de fournir à leur propos les détails jugés utiles pour mettre convenablement en relief l'œuvre réalisée.

Dès qu'on aborde, par contre, le domaine du bien-être moral, on se rend compte de suite de la difficulté de procéder à des classifications nettes et précises. C'est qu'ici n'apparaissent plus aussi clairement des objectifs distincts et déterminés : ils semblent se confondre tous dans ce but unique : amuser et distraire le soldat, en joignant autant que possible l'utile à l'agréable. Les moyens d'aboutir sont, en revanche, aussi multiples que variés. A l'action propre de l'autorité viennent s'ajouter les initiatives privées, les générosités bienfaisantes, si nombreuses que dans la crainte d'en omettre, on n'ose même pas songer à les énumérer.

Il importe, cependant, pour la clarté même de l'exposé qu'il nous reste à faire, de s'efforcer de procéder avec une certaine méthode, fût-elle plus apparente que réelle. C'est ce qui nous a amené à opérer une sorte de sélection parmi les moyens essentiels destinés à garantir la santé morale de nos hommes, et à les classer sous ces quatre rubriques principales : l'aumônerie militaire, les délassements physiques, les récréations d'ordre moral et intellectuel, les permissions de détente et œuvres pour permissionnaires.

A. — L'AUMONERIE MILITAIRE.

Il suffit de songer au développement et à la profondeur du sentiment religieux en Belgique, pour comprendre l'importance du rôle qui échoit à l'aumônerie militaire dans notre armée. L'autorité morale incontestable que le prêtre possède sur nos populations catholiques, devait plus que jamais trouver l'occasion de s'exercer sur des soldats exposés à tous les dangers et guettés par toutes les souffrances que la guerre engendre. L'homme croyant, que la mort peut emporter d'un instant à l'autre, ne pourrait se passer du réconfort puissant que représente pour lui sa religion. Il désire, plus ardemment que jamais, pouvoir compter sur les secours de celle-ci en tout lieu et en tout temps. D'autre part, tant de croyances qui se croyaient éteintes ou endormies, se sont ravivées ou réveillées au contact des réalités cruelles qui donnent à la vie un tel caractère de fragilité.

Aussi, l'expérience et les nécessités mêmes n'ont-elles pas tardé à provoquer un développement considérable du service de l'aumônerie militaire, tel qu'il fut institué dès le début de la mobilisation.

Pour le culte catholique, auquel appartient la grande majorité de nos soldats, outre un aumônier en chef, il existe dans chaque division de l'armée de campagne un aumônier divisionnaire assisté d'un aumônier attaché à chaque bataillon ou unité équivalente. Une organisation semblable fonctionne dans toutes les garnisons de l'arrière. L'assistance religieuse et morale est donc assurée à tous, jusque dans les tranchées, car les aumôniers accompagnent partout leur unité, et les exemples abondent du courage et du dévouement avec lesquels ils exercent leur ministère. Revêtus, à l'armée de campagne, d'une tenue militaire, mêlés à la vie et aux dangers de la troupe, ils jouissent d'une façon générale d'un grand prestige moral et sont, à ce point de vue, des auxiliaires précieux de l'autorité.

Mais il existe aussi plusieurs milliers de soldats appartenant au culte protestant. Pour ceux-là, un service d'aumônerie, qui n'avait pas même été prévu en temps de paix, a été complètement organisé pendant la guerre même. Il comprend, à l'heure actuelle, en dehors de l'aumônier en chef, un aumônier protestant attaché à chacune des divisions de l'armée de campagne et des grandes subdivisions de l'arrière.

Faut-il dire que dans ce domaine, l'autorité a banni tout esprit de contrainte ou de prosélytisme ? C'est en toute liberté que les hommes accomplissent, au gré unique de leur désir, leur devoir religieux. La justice et la tolérance garantissent le respect de toutes les convictions.

Il convient d'ajouter ici, qu'en dehors des charges particulières de leur ministère, les aumôniers, en raison même du temps et des moyens dont ils disposent, coopèrent largement à l'œuvre des délassements physiques et moraux de la troupe. C'est à leur initiative, fréquemment, que sont créés ou organisés les cercles, les réunions, les fêtes, dont nous parlerons un peu plus longuement par la suite, et qui apportent à nos soldats tant de saines et salutaires distractions.

B. — LES DELASSEMENTS PHYSIQUES.

Dès avant la guerre et depuis un certain temps déjà, le mouvement sportif avait pris dans notre armée un développement appréciable. C'est que l'éducation sportive, en effet, constitue le complément le plus efficace de l'éducation militaire. Aussi, dans la plupart des régiments, existait-il en temps de paix des équipes de joueurs entre lesquels se disputaient des concours organisés avec l'encouragement et l'appui des plus hautes autorités.

Au début de la campagne, pendant la période de la guerre de mouvement il ne fut évidemment pas question de faire revivre d'une façon quelconque ces joutes sportives. On n'y put guère songer, non plus, durant le premier hiver que notre armée passa sur l'Yser. Nos hommes ne connurent, en ce moment, ni repos, ni loisirs. Tous les efforts et tous les instants disponibles s'employaient à la réalisation de ce double but impérieux : réorganiser les unités meurtries et épuisées, créer les positions défensives qu'il s'agissait d'ériger en barrière infranchissable.

Mais quand avec le retour de la bonne saison il apparut, vers la fin du printemps 1915, que la guerre tendait à se prolonger, sur des fronts en quelque sorte cristallisés, pendant une durée imprévisible, on se rendit compte de tout le bénéfice qu'on pouvait retirer d'une utilisation rationnelle des sports, tant au front qu'à l'arrière.

Des initiatives intelligentes n'avaient pas tardé à reconstituer ou à créer dans certaines unités des équipes qui, malgré des moyens précaires, se mirent à l'entraînement. Dans les camps d'instruction, des chefs avertis inscrivirent les sports nationaux au programme de l'éducation virile à fournir à nos recrues. Des œuvres charitables vinrent à l'aide de ces premiers initiateurs pour procurer à nos hommes le matériel sportif nécessaire.

Ces exemples furent rapidement suivis. Le Roi fut le premier à encourager le développement des sports dans l'armée, fournissant aux équipes des ballons de football, des chaussures, dotant de prix les concours organisés, assistant en personne à ceux-ci. Dès lors, l'impulsion était donnée et, à tous les degrés de la hiérarchie, les chefs se firent un devoir de cultiver et d'entretenir parmi leurs hommes la pratique des jeux en plein air.

C'est que ceux-ci ne sont pas seulement un moyen idéal de maintenir les soldats dans la meilleure condition physique, mais constituent aussi un délassement par excellence. En même temps que les muscles se fortifient et s'assouplissent, que se développent les qualités viriles de sang-froid, de hardiesse, de décision les esprits se passionnent pour les joutes sportives où triomphent l'endurance, la vigueur et l'adresse. On en parle aux tranchées : on s'en entretient au cantonnement, et l'on oublie un peu la guerre et ses tristesses.

La plus vive et la plus saine émulation règne entre les équipes, qu'il s'agisse de football, de natation, de cross-country, de luttes, ou du populaire jeu de balle, si répandu dans toutes nos provinces. Dotés de prix divers, les championnats et les tournois de toute nature, se sont multipliés. Un « comité d'armée » fonctionne au Grand Quartier Général. Des concours sont organisés dans les régiments, dans les divisions, entre les grandes unités de l'armée qui se disputent annuellement, après une série d'épreuves éliminatoires, les « Coupes du Roi » attribuées aux sports divers. A ces rencontres assistent des foules de spectateurs enthousiastes, ardents à acclamer vainqueurs et vaincus, qui ont rivalisé d'endurance et d'entrain.

A l'arrière aussi, dans nos centres d'instruction, dans nos bases, des équipes de joueurs, des clubs et des fédérations se sont constitués et il n'est point de dimanche qui se passe, peut-on dire, sans que des luttes sportives s'organisent.

Celles-ci ne mettent d'ailleurs pas seulement aux prises nos nationaux. Des matches ont lieu fréquemment, tant au front, qu'en

Angleterre ou en France, entre équipes des armées alliées et sont l'occasion de fraternisations cordiales, au cours desquelles s'affirment et s'accentuent les sympathies réciproques qui unissent, dans la même confiance et la même certitude de vaincre, les soldats d'une même cause.

C. — LES RECREATIONS D'ORDRE MORAL ET INTELLECTUEL.

Nous entrons ici, après nous être spécialement occupé des fêtes sportives, dans le véritable domaine des distractions propres à entourer la vie, à la fois si rude et si monotone du soldat, d'une atmosphère réconfortante, salutaire et joyeuse.

Ce n'est pas aux tranchées mêmes que l'homme est vraiment exposé à se laisser envahir par les pensées déprimantes. Il a d'autres soucis. Les dangers qui l'environnent, la lutte à soutenir, la notion du devoir à remplir, l'absorbent tout entier. Mille petits riens suffisent à occuper ses moments de loisir: lecture, correspondance, parties de cartes, entretien de ses armes et de son équipement.

C'est au cantonnement, surtout, pendant les périodes de repos, que le soldat est guetté par le « cafard », selon l'expression si répandue.

A l'arrière, de même, c'est après les heures de labeur, le soir et le dimanche, qu'il ne faut point laisser le temps paraître long et fastidieux et qu'on doit empêcher l'homme de gaspiller sa solde et sa santé dans les cabarets ou les lieux mal famés.

Pour le soldat qui vient de quitter la zone de feu et de mort, qui devra y retourner bientôt, c'est, d'ailleurs, un besoin instinctif et presque impérieux de rechercher les occasions de plaisir et de gaieté, par quoi l'on oublie un peu le drame auquel on participe depuis tant de mois, et ses horreurs et ses poignantes tristesses. Sans doute, l'homme qui a accompli une période de tranchées, dans la boue, sous la pluie et le vent, parmi les sifflements des balles et l'éclatement des obus, aspire-t-il au repos ; mais non pas à la veulerie stupide, à l'oisiveté déprimante qui engendrent les pensées douloureuses et les intensifient. Une fois dissipée la lourde fatigue qui a rompu les corps, l'esprit a soif de distractions et d'amusements. Les corvées indispensables du cantonnement, les exercices nécessaires auraient tôt fait de paraître insupportables, si l'homme n'avait la perspective de quelques heures de joyeux délassement.

La Reine Elisabeth, qui depuis le début de la guerre, vit avec le Roi au milieu de ses soldats, comprit immédiatement, avec toute la sensibilité de son cœur charitable et compatissant, la nécessité d'apporter aux défenseurs de l'Yser le réconfort de toutes les douceurs, les distractions et les joies qu'il est possible de leur procurer.

La Souveraine s'est vouée à cette œuvre de toute son âme. Elle a été l'inspiratrice des élans généreux, grâce auxquels nos hommes ont vu graduellement des interventions bienfaisantes réduire les rigueurs d'une existence d'autant plus pénible pour eux, que tout les sépare de ce qui leur tient le plus au cœur. C'est la Reine qui la première acquit ou recueillit pour nos soldats privés de tout, des jeux divers, des instruments de musique, des livres, en même temps que des friandises, du tabac, des lainages, etc. Elle en fit de sa propre main la distribution dans les hôpitaux, dans les cantonnements et jusque dans les tranchées.

Sa bonté et sa générosité sans limites n'ont point cessé de s'exercer au profit de nos combattants qui, de leur côté lui ont voué, non seulement une reconnaissance infinie, mais un culte véritable. Leur gratitude va de même à toutes les œuvres qui s'efforcent de leur apporter un réconfort moral. Faute de pouvoir les citer toutes, nous devons nous en tenir à passer brièvement en revue les efforts réalisés dans ce but, les uns dans l'ordre intellectuel, les autres dans le domaine plus spécialement récréatif.

Signalons, dès à présent, qu'il a fallu avant toute chose, créer des salles et des lieux de réunion. Il en existe aujourd'hui dans tous les cantonnements ; des cantines-récréations, voire de véritables théâtres, ont été édifiés dans la zone du front. Les hôpitaux sont pourvus d'aménagements qui permettent l'organisation de représentations pour les blessés et les malades. Dans les garnisons de l'arrière, des cercles militaires, des mess répondent aux mêmes besoins. Les installations ont été partout conçues de façon à présenter un aspect confortable et riant, d'un caractère essentiellement national.

a) DANS L'ORDRE INTELLECTUEL

Journaux. — Dès le début de la campagne, on put se rendre compte combien le soldat est avide de nouvelles et de [illegible] les troupes, obligées de se déplacer constamment, s'arrachaient littéralement les rares journaux qui leur parvenaient de façon irrégulière et tardive. Il ne pouvait malheureusement être question, pendant la période de mouvements, d'assurer convenablement un service de vente des feuilles belges dans des cantonnements qui changeaient à peu près chaque jour. Le Ministre de la Guerre résolut alors de publier, dans les deux langues nationales, un journal spécialement destiné aux soldats et qui aurait pour objet de leur fournir des nouvelles de la guerre, tout en s'efforçant d'exalter leur moral. C'est ainsi que le « *Courrier de l'Armée* » « *De Legerbode* » vit le jour à Anvers, le 1er septembre 1914. Il n'a point cessé de paraître depuis lors : il s'est publié successivement à Anvers, à Ostende, puis au Havre, quand le Gouvernement belge reçut dans cette ville l'hospitalité de la France. Lorsque notre armée établie sur l'Yser, se vit séparée de toute la partie du pays envahi, ce journal se donna pour tâche supplémentaire de fournir à nos soldats des nouvelles de la Patrie, de leur permettre de retrouver des parents, des amis que l'exil avait dispersés. Il est distribué gratuitement à toutes les unités de l'armée de campagne, de même qu'aux formations de l'arrière, envoyé aux internés belges en Hollande et en Suisse.

Cependant, un certain nombre de journaux belges qui avaient suivi le Gouvernement dans son exil, avaient repris leur publication à l'étranger. Dans le but de permettre aux troupes de se les procurer régulièrement, le Département de la Guerre institua au début de 1915, un service spécial pour la vente de ces journaux au front. Acheminés vers celui-ci par les voies les plus rapides, ils sont vendus dans les cantonnements, et jusque dans la zone des tranchées, par des militaires réformés ou inaptes au service de campagne. A l'heure actuelle, vu le grand nombre de journaux belges qui se publient en Angleterre, en France et en Belgique libre, ce service a pris une extension notable : 9 feuilles belges de langue française et 5 feuilles de langue flamande sont mis ainsi à la disposition des troupes qui peuvent, en outre, acheter les journaux alliés admis dans la zone de l'armée.

Une quantité de petites publications, d'un caractère spécial, dits « journaux de tranchée » ou « journaux de guerre » ont progressivement pris naissance également. Elles sont une manifestation de l'attachement au foyer natal qui est si vivace en Belgique. Ce sont, pour la plupart, en effet, des bulletins envoyés aux soldats d'une même région ou d'une même commune, et qui se proposent de créer entre eux un lien d'intérêt et de sympathie, en leur donnant des nouvelles du pays où tant des leurs sont demeurés, ainsi que de leurs concitoyens qui accomplissent leur devoir dans l'armée ou sont réfugiés à l'étranger.

Il semble opportun de mentionner ici, dans le même ordre d'idées, les efforts accomplis dans le but de permettre aux soldats de correspondre, non seulement avec leurs parents et amis résidant en France, en Angleterre, en Hollande, en Suisse, mais encore avec leur famille demeurée en Belgique envahie. Un service postal militaire, dont l'organisation a été aussi perfectionnée que possible, réalise le premier objet. Des bureaux officiels de correspondance et de renseignements permettent de retrouver les destinataires dont les adresses sont insuffisantes ou ignorées.

Quant au deuxième but, en dépit des grandes difficultés à surmonter, il a pu être atteint dans des limites appréciables, grâce à l'institution d'œuvres particulières qui se chargent de faire pénétrer dans le pays occupé, et d'en faire sortir, des correspondances clandestines. On comprendra sans peine qu'il ne soit pas possible de fournir actuellement d'autres détails à ce propos.

Bibliothèques. — Les lectures saines, agréables en même temps qu'utiles, constituent à n'en pas douter, un délassement moral par excellence. Aussi dès le premier hiver que nos troupes durent passer dans les plaines de l'Yser, vit-on naître des initiatives et des œuvres éclore, dans le but de procurer des livres à nos hommes, pendant leurs heures de repos. Grâce à des dons particuliers, à des appels adressés à la générosité privée, des commandants d'unité, des officiers, des aumôniers parvinrent ainsi à créer des embryons de bibliothèques dans certains cantonnements. A Londres, se fondait, avec des appuis officiels, l'œuvre du « *Livre du Soldat* » : elle expédiait des volumes en prêt, à titre individuel, et organisait à La Panne une vaste bibliothèque militaire à l'usage de nos soldats. Une œuvre analogue s'établissait en Hollande, sous le nom de

« *Commissie tot verzending van Vlaamsche boeken naar het leger* » (Commission pour l'envoi de livres flamands à l'armée). La société « *Franklin* », dont le siège est à Paris, faisait également des envois de livres à l'armée de campagne, dans les hôpitaux, dans nos centres d'instruction. Le Département de la Guerre, de son côté, dès le début de 1915, avait adopté le principe de souscrire, pour les répartir entre les unités, à un nombre plus ou moins important des divers ouvrages d'auteurs belges, où seraient mis en relief les exploits de notre armée, l'attitude héroïque et loyale de la Belgique, les exactions et les crimes de l'envahisseur. Il n'a point cessé de procéder de la sorte et c'est par milliers qu'il a fourni des livres de ce genre.

Cependant, il apparut un jour que les résultats obtenus, si satisfaisants qu'ils fussent, pouvaient encore être améliorés par une organisation plus rationnelle. C'est alors qu'il fut décidé de créer dans chaque division d'armée ou de cavalerie, de même que dans les principales garnisons de l'arrière, une bibliothèque centrale, régulièrement administrée, dont le fonds d'ouvrages serait constitué au moyen de livres précédemment épars dans une multitude de petites bibliothèques isolées. Chaque bibliothèque centrale créait des dépôts dans les cantonnements occupés par son unité, et consentait aux troupes des prêts pour une durée limitée. Cette organisation a été récemment complétée de la plus heureuse façon par la générosité d'une œuvre privée qui a doté les compagnies, escadrons, batteries, d'une *mallette-bibliothèque* contenant des volumes que les unités peuvent échanger entre elles.

Les principales œuvres que nous avons signalées précédemment, furent invitées, au lieu de procéder à des envois individuels de livres, de réserver ceux-ci de préférence aux bibliothèques centrales. Le Ministère des Sciences et des Arts se chargea, de son côté, de fournir à ces organismes les ouvrages classiques destinés à mettre à la disposition des hommes les moyens de poursuivre leurs études et de parfaire leurs connaissances.

Cours. — Ce qui précède nous amène tout naturellement à parler des cours organisés dans l'armée, à la demande même des troupes et pour leur plus grand profit. Nous ne citerons qu'en passant le rétablissement des cours élémentaires pour illettrés, des cours de langues à l'usage des flamands et des wallons, et qui fonctionnaient déjà dans les casernes en temps de paix. Le retour à ces usages de jadis, dès que le front se fût stabilisé, pour une durée indéterminée, ne faisait que répondre à un besoin évident et ne souffrit pas de grandes difficultés.

Mais parmi les jeunes soldats accourus à l'appel de la Patrie, bon nombre avaient vu la guerre interrompre brusquement le cours de leurs études moyennes, lesquelles préparent à l'entrée aux universités. La nécessité apparut de leur fournir d'abord, même et surtout au front, l'enseignement voulu pour qu'ils puissent embrasser plus tard la carrière qu'ils avaient choisie ; de leur permettre, ensuite, de se présenter devant un jury central. Et c'est ainsi que, dans une de nos divisions, la première initiative fut prise d'organiser des cours d'humanités anciennes (poésie et rhétorique) et modernes (enseignement scientifique). Les résultats furent tels, que toutes les divisions suivirent cet exemple et que l'autorité voulut favoriser et appuyer ces initiatives, afin qu'elles portent tous leurs fruits.

Les humanités anciennes comprennent des cours de latin et de grec, de français et de flamand, d'anglais ou d'allemand, d'histoire et de géographie, de mathématiques et de sciences naturelles. Les humanités modernes sont scindées en division scientifique et en division commerciale et industrielle. La plupart des heures de leçon sont consacrées aux sciences commerciales, aux mathématiques, aux langues modernes, etc.

Certes, la réalisation d'un tel programme ne se fit point sans difficultés. Les élèves qui appartiennent à toutes les armes, sont dispersés dans les divers régiments. Pendant les périodes de repos, on peut les réunir en les plaçant en subsistance dans la même unité et l'enseignement est alors intensif. Mais quand la division est en ligne, il faut bien que chacun reprenne sa place de combat. Cependant, il n'y a pas d'arrêt brusque dans les études. D'anciens professeurs, des officiers, se sont offerts comme répétiteurs dans tous les cantonnements de l'avant où se trouvent des groupes d'élèves, si réduits soient-ils. Quant aux écoles mêmes, les cours y sont donnés par des professionnels qui ont quitté leur chaire, lors de l'invasion, pour endosser l'uniforme.

Le Département des Sciences et des Arts a institué les jurys devant lesquels les récipiendaires peuvent passer leurs examens. Il a, dans le même ordre d'idées, rétabli des jurys qui délivrent les diplômes d'instituteurs. Enfin, en ce qui regarde les études universitaires proprement dites, le nécessaire a été fait également pour permettre aux étudiants de poursuivre leurs études et de conquérir leurs nouveaux brevets.

C'est encore au Ministre des Sciences et des Arts qu'est due une initiative dont le succès s'est immédiatement affirmé : l'institution de cours de langues par correspondance. Des arrangements conclus avec un établissement spécial de Paris, et la collaboration spontanée de professeurs réfugiés en France, ont permis de donner à ces cours, qui comptent des milliers d'adhérents, tout le développement voulu en n'exigeant des élèves qu'une rétribution modeste.

Les troupes de l'arrière bénéficient également des bienfaits de l'enseignement : nous citerons tout spécialement, en ce qui les concerne, les cours techniques, théoriques et pratiques, institués dans les usines de guerre et grâce auxquels les ouvriers peuvent acquérir, dans leur métier, une maîtrise dont ils retireront, dès le retour à la paix, des profits trop évidents pour qu'il soit nécessaire d'y insister autrement.

b) LES RÉCRÉATIONS ARTISTIQUES

On sait combien le sentiment artistique a toujours été développé en Belgique. Le goût inné de notre peuple pour le chant, la musique, l'art théâtral, en particulier, se manifestaient en temps de paix par une floraison exceptionnellement abondante de sociétés artistiques, dont quelques-unes possédaient une renommée qui avait largement dépassé nos frontières.

Rien d'étonnant, alors, à ce que nos soldats, de leur propre initiative, aient songé à organiser, chaque fois que les circonstances le permettent, des représentations et des concerts où se font entendre des artistes de bonne volonté. Tant au front qu'à l'arrière — mais ici naturellement avec des facilités plus grandes et des aménagements plus luxueux — des salles de spectacles se sont édifiées. Des troupes d'amateurs s'y produisent, à toute occasion propice, dans leur répertoire sentimental ou joyeux, évocateur des réunions semblables tenues naguère au pays.

L'heureuse influence morale de ces réunions saute aux yeux. Nous n'en dirons cependant pas davantage ici, car elles sont, en somme, l'œuvre propre des soldats mêmes. L'autorité n'intervient que pour faciliter et encourager ces réunions intimes. A son actif s'inscrivent plus directement, par contre, certaines initiatives auxquelles il convient d'accorder une mention spéciale.

Citons d'abord les Chansonniers de l'armée. Ce n'est rien de moins qu'une petite troupe de chansonniers professionnels, tous en service au front, qui s'est constituée avec l'appui des autorités, dans le but d'apporter à nos soldats le réconfort de leur talent et d'inculquer à ceux-ci le goût des chansons nationales. Si nombreuses, encore que généralement mal connues, les unes sont toutes vibrantes de souffle patriotique. Les autres, imprégnées d'un délicieux parfum local, évoquent le pays absent, rappellent les traditions d'antan, jettent une émotion si intense et si douce dans le cœur des hommes profondément attachés aux foyers pour la défense desquels ils ont offert leur vie. Que de refrains joyeux et entraînants, ensuite, que l'on entonne en chœur et qui sont comme un défi lancé par tous ces jeunes gens à la mort qu'ils affrontent chaque jour ! Pour compléter l'œuvre ainsi entreprise, le Département de la Guerre a fait éditer sous le titre de « Chansonnier du Soldat belge » un recueil contenant les chants nationaux des pays alliés, des chansons locales françaises, flamandes ou wallonnes, et d'autres plus particulièrement inspirées par la guerre, dont la sélection a été faite par les soins d'un de nos aumôniers. Quelque 125.000 exemplaires de ce recueil ont été fournis à la troupe, au prix modique de 10 centimes.

Mentionnons, ensuite, l'orchestre symphonique de l'armée de campagne. Voici en deux mots son histoire et son objet. M. Corneil de Thoran, premier chef d'orchestre du Théâtre de la Monnaie, à Bruxelles, s'était engagé comme volontaire de guerre en août 1914. Après la bataille de l'Yser, au cours des accalmies qui régnaient sur le front, il faisait un peu de musique avec quelques amis retrouvés. Le petit groupe donnait des auditions, dans les cercles de soldats et dans les mess d'officiers. L'ambition lui vint alors de faire plus et mieux, avec le concours d'artistes mobilisés dans l'armée de campagne. M. Corneil de Thoran fit part de ce projet à des chefs qui l'accueillirent favorablement. La Reine bientôt connut son idée et s'y intéressa immédiatement ; la Souveraine n'a-t-elle pas toujours été, d'ailleurs, la protectrice avertie des musiciens et des poètes, des peintres et des sculpteurs ?

Une circulaire ministérielle ne tardait pas à consacrer la réalisation du vaste projet conçu. « En vue d'assurer, disait-elle, la récréation des militaires au front pendant la prochaine campagne d'hiver, il serait désirable de constituer, sous la direction du sergent Corneil de Thoran, un orchestre symphonique d'une centaine de musiciens. »

Les éléments se trouvèrent aisément. Un ensemble en tous points remarquable fut réuni d'emblée et l'orchestre commença, dans les hôpitaux d'abord, la série de ses concerts. Son succès fut énorme. Il n'existe, sans doute, dans aucune armée en campagne, une phalange artistique qui lui soit comparable. Sa création allait permettre, en outre, de réaliser un autre projet que la Reine caressait depuis longtemps : offrir à nos troupes, avec le concours d'artistes renommés, des représentations complètes d'opéra et d'opéra-comique. Il faut avoir assisté aux premières d'entre elles, à celles de Werther et de l'Arlésienne pour se faire une idée de l'enthousiasme qu'elles ont suscité parmi les spectateurs sevrés, depuis si longtemps, d'un pareil régal artistique.

Mais nous voici, du fait même, dans le domaine du Théâtre au front. Les représentations du genre de celles que nous venons de citer, — pour lesquelles il est nécessaire de recourir à des acteurs spécialement appelés au front ou à des « tournées artistiques », telle la « tournée Libeau » essentiellement belge — ne peuvent évidemment avoir lieu qu'à intervalles assez rares. Pour les suppléer, une véritable troupe théâtrale s'est recrutée, au front même, parmi des professionnels ou des amateurs de talent, enrôlés sous nos drapeaux. Mais, à défaut d'installations spéciales, les représentations ne pouvaient généralement avoir lieu que dans les hôpitaux pourvus d'une salle de spectacle, ou sur des scènes improvisées, la plupart du temps en plein air, et par conséquent pendant la bonne saison seulement.

Une lacune restait à combler. C'est la Reine, une fois encore, qui se chargea de ce soin en faisant construire, à ses propres frais, quatre théâtres qui portent son nom, en quatre points différents du front.

La salle même est un vaste hangar de 28 mètres de longueur sur 20 de largeur. Deux portes donnent accès à deux pistes en pente qui encadrent les longues rangées de bancs robustes. Il y a place là pour 1.200 spectateurs. Au fond, se trouve le théâtre proprement dit, de 13.50 de longueur sur 18 de largeur. Le cadre de la scène est orné de panneaux où des artistes du front ont peint des personnages de la Comédie. Ce sont ces artistes aussi qui ont brossé les décors, dans une tonalité vive et tout à fait moderne.

L'éclairage est particulièrement soigné. La rampe, les portants, les herses, se hérissent d'ampoules blanches, rouges et bleues. Un grand tableau commande le tout et permet de réaliser des jeux de lumière ignorés, en temps de paix, de bien des théâtres de province.

A droite et à gauche de la scène, 8 loges pour les vedettes et 2 grandes loges pour les figurants, toutes suffisamment grandes, bien aérées et confortables. L'orchestre, enfin, est assez vaste pour que la phalange symphonique s'y trouve bien à l'aise.

Ces théâtres ne sont pas seulement destinés aux représentations artistiques proprement dites, dont le nombre, comme nous l'avons dit, est forcément limité. Mais il est un spectacle dont les hommes sont particulièrement friands : le Cinéma.

Aussi est-ce aux séances cinématographiques surtout que les salles nouvelles sont consacrées ; elles leur permettent d'avoir lieu tous les jours et par tous les temps. Deux séances quotidiennes peuvent être organisées dans chacun des quatre théâtres, offrant ainsi journellement à dix mille hommes une représentation cinématographique au cours de laquelle se font entendre les musiques régimentaires.

Il n'est pas exagéré de dire qu'un véritable tour de force à été de ce fait réalisé. Aussi les mots ne peuvent-ils suffire à dépeindre la reconnaissance des soldats belges pour leur Reine, leur bienfaitrice, dont la générosité est inépuisable. Rien ne saurait mieux traduire cette gratitude, que la manifestation spontanée à laquelle ils se sont livrés lors de l'inauguration du premier Théâtre de la Reine. Voici en quels termes, touchants et simples, deux combattants de l'Yser, l'un en français, l'autre en flamand, ont remercié leur Souveraine, leur « maman » :

« Madame,

» Excusez mon émotion, au moment où je prends la parole pour vous remercier au nom de tous mes camarades et en présence des drapeaux de nos régiments, symbolisant la réunion de tous les soldats de la première division d'armée. Au moment où il me faut parler à notre Reine, à notre bienfaitrice, un nom me vient aux lèvres, le doux nom de « Maman » que nous prononçons tous avec dévotion, qui est pour nous tout le passé, tout notre espoir.

» Maman,

» Vous qui tous les jours pansez de vos mains les blessés dans les hôpitaux, vous qui venez à notre chevet nous réconforter, vous êtes encore ici aujourd'hui pour nous donner cette salle de fêtes, destinée à adoucir les jours que nous passons loin des nôtres.

» Aussi c'est du plus profond du cœur qu'au nom de tous mes camarades, je viens vous présenter l'expression de notre admiration profonde, de notre reconnaissance émue et notre absolu dévouement. Au nom de tous, permettez-moi de remettre à Votre Majesté ces quelques fleurs qui vous diront mieux que mes paroles, tous les sentiments de vos soldats, de vos grands enfants. »

***

Dans le domaine que nous parcourons pour le moment, il est opportun de citer également parmi tant d'autres, deux œuvres officiellement reconnues et qui contribuent chacune, pour une part appréciable, au délassement moral des hommes. La première, sous le titre de l' « Art au Front », organise des expositions, des conférences, des auditions musicales. La deuxième, qui s'intitule « Les Distractions pour nos soldats », groupe des artistes, amateurs ou professionnels, qui se rendent soit au front, soit dans les centres de l'arrière, afin d'y donner aux troupes des représentations d'après un programme aussi copieux que varié, où la note joyeuse s'efforce de dominer.

Comme il importait de coordonner et d'assurer un maximum d'effet utile aux efforts de tous ceux qui prêtent leur concours aux représentations théâtrales et autres, aux concerts qui sont organisés dans les hôpitaux et cantonnements de l'armée de campagne, un bureau spécial s'est constitué au G. Q. G. avec mission de « diriger et répartir les distractions au front ». Il reçoit les demandes des unités ainsi que les offres des artistes ou groupements. Il accorde à ces derniers les autorisations et les facilités voulues, ainsi que le transport et l'hébergement gratuits pendant leur séjour dans la zone de l'armée. Une indemnité journalière est destinée, en outre, à couvrir les frais de subsistance des intéressés.

On peut conclure, en somme, que rien n'a été négligé pour procurer aux combattants de l'Yser un maximum de récréations saines et variées. Un effort semblable a été réalisé à l'arrière. Nous l'avons noté déjà en passant et ne pourrions, sans nous répéter, entrer dans des détails à ce propos.

Bornons-nous à signaler, en dehors des fêtes analogues à celles qui ont lieu au front, la constitution de corps de musique dans les centres d'instruction et établissements ; la remise solennelle de drapeaux aux recrues, emblèmes presque toujours offerts par les populations françaises des régions où nos centres d'instruction sont installés ; les cérémonies patriotiques ,enfin, qui sont organisées, avec le plus d'éclat possible, aux jours de nos fêtes nationales, et réunissent, dans une même ferveur, tous ceux que l'invasion a chassés de leurs foyers.

D. — LES PERMISSIONS ET ŒUVRES POUR PERMISSIONNAIRES.

Ainsi que l'on sait c'est au début de l'été 1915, qu'en présence du prolongement des hostilités, l'autorité française décida d'accorder aux troupes du front, de courtes permissions qui devaient permettre aux hommes d'aller se retremper au contact du foyer familial. Il est inutile de dire que la question fut aussitôt envisagée, également, par les autorités belges. Mais sa solution présentait des difficultés toutes spéciales. C'est que, sauf une petite minorité, nos soldats ne possédaient, ni en Angleterre, ni en France, une famille ou des amis capables de les accueillir. D'autre part, leurs modestes ressources ne leur permettaient point de songer à entreprendre à leurs frais un voyage avec séjour à l'hôtel.

Avec quelle avidité, pourtant, tous aspiraient à quitter pour quelques jours la zone ravagée qui depuis tant de mois leur servait d'unique et navrant paysage ! Quelle tentation pour nos hommes, soumis à un labeur continuel, de goûter quelques moments de repos, loin de la fournaise, dans des villes animées du même et joyeux mouvement qu'en temps de paix. Il importait donc, on le conçoit, d'aboutir coûte que coûte. Nous ne retracerons pas ici la succession des mesures appliquées dans ce but, ni les peines que leur adoption rencontra. Deux problèmes essentiels se posaient : fournir aux soldats le transport gratuit et les héberger.

La question du transport fut résolue grâce à des ententes avec les administrations françaises et britanniques intéressées. A l'heure actuelle, nos troupes bénéficient des mêmes avantages que leurs camarades des pays alliés. Chaque homme a droit annuellement à trois permissions de dix jours chacune (ce chiffre fut d'abord de sept), non compris la durée du voyage aller et retour.

Quant à l'hébergement des permissionnaires sans famille, il fut réalisé grâce au concours de nombreuses œuvres créées dans ce but, principalement à Paris, à Londres et au Havre, ainsi que dans d'autres grandes villes de France et de Grande-Bretagne.

Un certain nombre de ces œuvres, désignées généralement sous le titre de « Foyer ou de Home du Soldat », peuvent héberger à la fois plusieurs centaines de permissionnaires. Les moins importantes ne disposent que de 15 à 20 lits. Les unes accueillent le soldat tout à fait gratuitement ; d'autres lui offrent le gîte et le couvert moyennant une modeste rétribution ; notons que l'homme continue de percevoir sa solde pendant la durée de son congé.

Cependant, malgré la multiplicité de ces œuvres, il fut constaté vers la deuxième moitié de 1917, que de nombreux combattants se trouvaient encore, faute de ressources, dans l'impossibilité de jouir des permissions de détente auxquelles ils avaient droit. Le Gouvernement décida d'intervenir en faveur des œuvres d'hébergement les plus intéressantes, soutenues jusqu'alors par la seule générosité privée, et dont l'existence courrait risque d'être compromise en raison de l'augmentation constante du prix de toutes choses. Un premier crédit de 500.000 francs fut inscrit à leur profit, au budget de 1918. Le Roi, de son côté, décida de prendre personnellement à sa charge, chaque mois, l'entretien de 300 permissionnaires sans foyer et dépourvus d'autres moyens que leur solde.

A l'heure actuelle, la situation se présente d'une façon généralement satisfaisante ; en dehors des hommes qui peuvent s'héberger à leurs frais, ou sont accueillis chez des parents, des amis, des marraines de guerre, les œuvres constituées peuvent loger quelque 3.000 soldats nécessiteux par mois, pendant 10 jours chacun. Seules les grandes difficultés issues des circonstances mêmes, n'ont point permis d'en faire davantage.

CONCLUSION.

Nous terminerons ici ce rapide exposé des mesures prises dans notre armée en vue d'améliorer le bien-être matériel et moral du soldat. L'importance et l'utilité primordiale des efforts accomplis ne paraissent pas pouvoir être mises en doute. Peut-être même, à la lecture des pages qui précèdent, des esprits peu réfléchis pourraient-ils être tentés de trouver que certains de ces efforts sont exagérés, voire que le soldat belge, grâce aux soins dont on l'entoure, mène une vie de combattant à peu près idéale.

Que ceux-là, s'il en existe, se détrompent. Nous l'avons dit en débutant : quoi qu'on puisse faire pour adoucir la rude vie de nos hommes, on n'en fera jamais assez. Si nombreuses qu'elles semblent, les distractions qu'on s'est efforcé de leur procurer, ne suffisent pas à remplir les heures où le soldat, abandonné à ses songeries, dirige inévitablement sa pensée vers les lieux où les siens souffrent sous la domination tyrannique et brutale d'un envahisseur sans pitié. Et puis, si l'on examine les choses de près, on constatera sans peine que les hommes ne peuvent guère bénéficier qu'à intervalles espacés des récréations intellectuelles ou morales organisées à leur intention. C'est que, combattants héroïques du front ou travailleurs énergiques de l'arrière, ils ont avant tout un impérieux devoir à remplir, qui absorbe la majeure partie de leur temps et de leurs efforts. Il faut bien se convaincre que s'ils sont parfois à la joie, ils sont pour ainsi dire constamment à la peine. Ce que celle-ci impose de souffrances, exige de sacrifice et de stoïcisme, de la part des soldats retranchés sur le dernier lambeau de leur Patrie mutilée, est trop évident pour qu'on doive encore y insister. Luttant sans trêve depuis bientôt quatre ans, éloignés de tout ce qu'ils aiment, exposés nuit et jour à la mort, mais indomptables malgré tout, résolus de tenir jusqu'à la victoire définitive et totale, ils sont et demeurent un magnifique exemple de bravoure, de droiture et de volonté. Et c'est pourquoi la Belgique, unie dans un même sentiment d'admiration fervente pour ses défenseurs héroïques, sait et comprend qu'elle n'acquittera jamais assez la dette sacrée de reconnaissance et d'amour qu'elle a contractée envers eux.

Mai 1918.

www.ingramcontent.com/pod-product-compliance
Ingram Content Group UK Ltd.
Pitfield, Milton Keynes, MK11 3LW, UK
UKHW021124230726
13926UKWH00002B/628

9 782014 430516